Anja Lipke-Bauriedel / Sarah Löffler

80 Ideen zur Förderung der Ich-Stärke und Sozialkompetenz

Einfache und praxiserprobte Übungen für alle Fächer

Anja Lipke-Bauriedel ist Grundschullehrerin und in der Lehrerausbildung tätig. Außerdem ist sie Lehrbeauftragte am Lehrstuhl für Grundschulpädagogik und -didaktik.

Sarah Löffler ist Förderlehrerin für Deutsch, Mathematik und Deutsch als Zweitsprache für die Grund- und Mittelschule.

Wir verwenden in unseren Werken eine genderneutrale Sprache, damit sich alle gleichermaßen angesprochen fühlen. Wenn keine neutrale Formulierung möglich ist, nennen wir die weibliche und die männliche Form. In Fällen, in denen wir aufgrund einer besseren Lesbarkeit nur ein Geschlecht nennen können, achten wir darauf, den unterschiedlichen Geschlechtsidentitäten gleichermaßen gerecht zu werden.

3. Auflage 2024

AAP Lehrerwelt GmbH
Veritaskai 3
21079 Hamburg
Telefon: +49 (0) 40325083-040
E-Mail: info@lehrerwelt.de
Geschäftsführung: Andrea Fischer, Sandra Saghbazarian
USt-ID: DE 173 77 61 42
Register: AG Hamburg HRB/126335

Autorschaft:	Anja Lipke-Bauriedel, Sarah Löffler
Coverigrafik:	Katja Rau
Piktogramme Kopfzeile:	Katja Rau
Illustrationen:	Katharina Reichert-Scarborough (Seite 32, 33, 36, 43, 44–52, 70, 71, 72, 78, 79, 92, 95), Jennifer Spry (Seite 33, 70, 72, 94), Julia Flasche (Seite 36, 38, 68, 69, 70, 71, 72, 79, 97), Anja Ley (Seite 36, 79), Stefan Lucas (Seite 37, 40, 79), Wibke Brandes (Seite 39, 72) Tania Schnagl/Robert Plötz (Seite 42), Barbara Gerth (Seite 43, 70, 71, 79, 98-101), Roman Lechner (Seite 71), Alexandra Hanneforth (Seite 72), Petra Lefin (Seite 72), Daniela Bühnen (Seite 79), Nataly Meenen (Seite 79), Elisabeth Lottermoser (Seite 35, 79), Manuela Ostadal (Seite 79), Renata Golaszewska (Seite 79, 81, 83, 86, 88, 90), Satzpunkt Ursula Ewert GmbH (Bastelanleitung Seite 34, Bastelvorlagen Seite 37, 40,42, 73, 93)
Satz:	Satzpunkt Ursula Ewert GmbH, Bayreuth
Druck und Bindung:	Korrekt Nyomdaipari Kft., Budapest

ISBN/Bestellnummer: 978-3-403-20429-9
www.persen.de

Inhaltsverzeichnis

1 Vorwort

1.1 Warum Ich-Stärke fördern?

Das Einzige, das man wohl nie ganz ablegen, ja beiseiteschieben kann, das man immer mitnimmt, das sind die eigenen Gedanken, kurz die eigene Person, man selbst. Was man und vor allem wie man etwas angeht, hängt von den eigenen Gedanken ab, vor allem derer über sich selbst, über das eigene Können und das Vertrauen in sich selbst: „Die Selbsteinschätzung (...) kann als allgegenwärtige Haltung bezeichnet werden, die sich in jedem Verhalten und in jeder Handlung niederschlägt. Jedes Kind schaut demnach durch seine individuell getönte Brille (...).“[1]

Eine zentrale Frage ist, wie das Urteil über die eigene Person überhaupt zustande kommt bzw. ob und wie man es (als Lehrkraft) beeinflussen kann.

Das Selbstbild wird im Wesentlichen durch zwei Faktoren bedingt: durch eigene Beobachtungen zum Ich und durch Urteile anderer: „Im Verlauf der Sozialisation werden durch direkte und indirekte Rückmeldungen aus verschiedenen bedeutsamen sozialen Bezugsgruppen und durch die Beobachtung des eigenen Verhaltens bestimmte Annahmen über die Attribute der eigenen Person gebildet.“[2] Klar ist somit, dass es wichtig ist, wie das Kind sich selbst sieht, aber auch, welche Zuschreibungen es durch andere erfährt. Welche Rolle spielt hierbei das schulische Umfeld? Befasst man sich mit einschlägiger Literatur, kommt man zu dem Schluss, dass gerade der Schule eine hohe Relevanz zukommt. Zum einen, weil die Klasse eine wichtige Größe in Bezug auf Fremdeinschätzungen darstellt: „Für das Selbstkonzept von Schülern sind insbesondere die Erfahrungen in der Klasse bedeutsam.“[3] Zum anderen, weil sich zahlreiche Annahmen über die eigene Person besonders in der Kindheit, im Alter unserer Schüler also, ausprägen: „Beachtet man, dass sich das Selbstwertgefühl zu einem wesentlichen Teil in der Kindheit ausbildet bzw. dort der Grundstock für eine positive oder negative Selbsteinschätzung gelegt wird, so muss man sich als Lehrer darüber im Klaren sein, dass man das Selbstwertgefühl der Schüler direkt und entscheidend beeinflussen und fördern kann.“[4]

Dieses Voranbringen der Ich-Stärke erscheint auch vor dem Hintergrund sinnvoll, dass der Blick auf sich selbst, also das Zutrauen in die eigenen Fähigkeiten, eine Determinante der Schulleistung darstellt.[5] Nur die Kinder können demnach all ihr Können zeigen, die sich selbst in einem positiven Licht sehen. Neben diesem Effekt liegt auf der Hand, dass Schüler, die dies nicht tun, auch in anderen Bereichen des (schulischen) Lebens Schwierigkeiten haben. Diese wiederum können sich negativ auf die Ziele des Unterrichts, die Vorhaben der Lehrkraft und die Interessen der Klassengemeinschaft auswirken. Somit ist es von elementarer Bedeutung, die Ich-Stärke des einzelnen Kindes zu fördern und es an einen achtsamen Umgang mit sich selbst heranzuführen. Die Unterrichtsideen des vierten Kapitels dieses Buches sollen einen Beitrag hierzu leisten.

---

[1] Fleischmann u. Rolletschek 2013: *Was tue ich, wenn ...? Schwierige Situationen im Grundschulalltag*, Oldenbourg Schulbuchverlag, 2013, S. 190.

[2] Dickhäuser u. Moschner 2006: *Selbstkonzept*, in Detlef H. Rost (Hrsg.), *Handwörterbuch Pädagogische Psychologie*, Beltz, 2006, S. 685–692.

[3] Ebenda.

[4] Fleischmann u. Rolletschek 2013: *Was tue ich, wenn ...? Schwierige Situationen im Grundschulalltag*, Oldenbourg Schulbuchverlag, 2013, S. 191.

[5] Vgl. Helmke u. Schrader: *Determinanten der Schulleistung*, in Detlef H. Rost (Hrsg.), *Handwörterbuch Pädagogische Psychologie*, Beltz, 2006, S. 83.

1.2 Warum Sozialkompetenz fördern?

Jedes Individuum lebt in einem sozialen Gefüge und tritt täglich mit anderen Menschen in Kontakt. In Schulklassen treffen viele Kinder mit einzigartigen Charakteren aufeinander und interagieren hier auf engstem Raum. Zudem verbringen die Kinder einer Klasse viel Zeit ihres Tages miteinander. Somit wird klar, dass es von zentraler Bedeutung ist, dass sich jeder Einzelne prosozial verhält, damit ein positives Klassenklima vorherrscht.

Eine angenehme Atmosphäre ist in vielerlei Hinsicht enorm wichtig:

Aus der Forschung ist bekannt, dass ein Zusammenhang zwischen Klassenklima und erbrachten Leistungen besteht.[6] Dass sich ein Kind in der Schule wohlfühlt, ist eine notwendige Voraussetzung dafür, dass es sein Können auch bestmöglich entfalten kann.

Des Weiteren wird die Einstellung eines Schülers zur Schule durch das erlebte Klima beeinflusst.[7]

Unerwünschte Phänomene wie etwa Schulangst können reduziert werden: „Positive Klimaerfahrungen sind im Allgemeinen mit einem geringeren Ausmaß an schulischen Belastungen (...) und einem tendenziell positiven (Leistungs-) Selbstkonzept und Selbstwertgefühl verknüpft."[8]

Jede Lehrkraft weiß aus der Praxis, dass Lernen – und auch Lehren – stark beeinträchtigt werden, wenn sich die Jungen und Mädchen einer Klasse dissozial verhalten. Bestehen beispielsweise ständig Konflikte, muss die Lehrkraft viel ihrer wertvollen Unterrichtszeit dafür aufwenden, die Streitigkeiten zu klären und beizulegen. Zudem sind Kinder, die gerade in solche verwickelt sind, mental zu sehr mit diesen befasst, als dass sie sich auf die Unterrichtsinhalte, also das Lernen, konzentrieren könnten: „Um Konflikte zu vermeiden und gemeinsames Lernen und Arbeiten zu ermöglichen, muss in einer Klasse ein angenehmes Sozialklima herrschen."[9]

Doch nicht nur für den Schulalltag ist Sozialkompetenz von zentraler Bedeutung, sondern für interpersonelle Beziehungen jedweder Art.

Denkt man an die Zukunft der Kinder, so ist klar, dass auch im Berufsleben Kompetenzen wie Teamfähigkeit vorausgesetzt werden.

Anhand all dieser Punkte wird deutlich, dass es unerlässlich ist, die Sozialkompetenz der Schüler zu fördern und weiter auszubauen. Im vorliegenden Buch sind einige Ideen zusammengestellt, wie dies gelingen kann. Diese Übungen sind fächerunabhängig für alle Jahrgangsstufen geeignet. Des Weiteren sind sie am Lehrplan orientiert und können somit problemlos im Schulalltag eingebunden werden.

[6] Vgl. Eder: *Schul- und Klassenklima*, in Detlef H. Rost (Hrsg.), *Handwörterbuch Pädagogische Psychologie*, Beltz, 2006, S. 626.

[7] Vgl. ebenda.

[8] Ebenda.

[9] Fleischmann u. Rolletschek 2013: *Was tue ich, wenn ...? Schwierige Situationen im Grundschulalltag*, Oldenbourg Schulbuchverlag, 2013, S. 90.

2 Hilfreiches für den Start

Bei vielen Übungen sollen die Schüler einander Komplimente machen bzw. sich loben. Deshalb erscheint es sinnvoll, einen „Wort- bzw. Satzspeicher" mit entsprechenden Formulierungen anzulegen. Folgendes kann hierbei helfen.

Komplimente/Lob

Lobende Worte/Komplimente können beschreibend sein (Du kannst Spiegelbilder zeichnen.). Erklären Sie den Kindern, dass Wörter wie toll, spitze etc. ergänzt werden können (Du kannst Spiegelbilder zeichnen. Super!). Neben dem eher sachlichen Umschreiben des wahrgenommenen Könnens der Klassenkameraden ist es selbstverständlich auch möglich, eher emotional eingefärbte Wendungen wie „Du bist ein Rechenmeister" zu gebrauchen. Thematisieren Sie, dass auch Fortschritte gewürdigt werden sollen (Du hast fleißig … geübt.). Zudem sollen die Jungen und Mädchen dafür sensibilisiert werden, welches Lob angebracht ist: So sollte bei einem sehr schüchternen Kind nicht unbedingt gelobt werden, dass es den ganzen Schulvormittag über leise war und nichts gesagt hat; bei einem geschwätzigen Schüler hingegen wäre dies passend.

Nachfolgend sind einige Beispiele aufgeführt – natürlich sollen diese individuell ergänzt werden. Der Kreativität der Schüler ist keine Grenze gesetzt.

- Du kannst gut malen.
- Du kannst Rechenaufgaben schnell lösen.
- Du kannst schon Geteiltaufgaben mit Rest lösen.
- Du kannst Spiegelbilder zeichnen.
- Du kannst beschreiben, wie du rechnest.
- Du bist ein Rechenmeister/eine Rechenmeisterin!
- Du schießt viele Tore.
- Du rennst schneller, als die Polizei erlaubt.
- Du kannst gut Seilspringen.
- Du kannst weit werfen.
- Du kannst schon mit dem Füller schreiben.
- Du hast eine wunderschöne Schrift.
- Deine Hefteinträge sind wunderschön.
- Du schreibst viele Wörter richtig.
- Du bist ein Wortarten-/Satzartenprofi.
- Du kannst gut vorlesen.
- Du kannst gut Witze erzählen.
- Du schreibst tolle Gedichte.
- Du schreibst spannende/lustige/… Geschichten.
- Du kannst gut tanzen.
- Du kannst schon ein Instrument spielen.
- Du kennst dich mit … gut aus.
- Du hast fleißig … geübt.
- Ich finde toll, dass du dich beim … so angestrengt hast.
- Super, du hast nicht aufgegeben!
- Du hast dich im … verbessert.
- Du hast schöne Haare/Augen/…
- Du hast mir bei … geholfen.
- Du hast mir … ausgeliehen.
- Du hast … mit mir geteilt.
- Du hast … getröstet.
- Du denkst immer an deinen Klassendienst.
- Ich finde beeindruckend, wie oft du dich heute gemeldet hast.
- Du hast gut aufgepasst und warst leise.
- Du schwatzt viel weniger.
- Du machst immer deine Hausaufgaben.
- Du bist ein Hausaufgabenprofi!
- Ich freue mich, dass du in unserer Klasse bist.
- Ich bin sehr gerne mit dir befreundet.
- Ich sitze total gerne neben dir.
- Ich spiele so gerne mit dir.
- Wie schön, dass es dich gibt!

Mögliche Ergänzungen (zu den sachlichen Umschreibungen des Vermögens):

toll, super, spitze, klasse, hervorragend, weiter so, perfekt, wow, gut gemacht, sehr schön, ausgezeichnet, weltklasse, bärenstark …

Höflichkeitswörter

Bei einigen Unterrichtsideen dieses Buches stehen Höflichkeitswörter im Mittelpunkt. Folgende Sammlung dient als Anregung:

- Bitte
- Danke
- Danke schön
- Bitte schön
- 1000 Dank
- Sei so lieb und …
- Keine Ursache
- Gern geschehen
- Entschuldige bitte
- Tut mir leid
- Vielen Dank
- Besten Dank
- Herzlichen Dank
- Gute Besserung
- Gesundheit
- Grußworte: Hallo, Guten Tag, Auf Wiedersehen, Tschüss, Einen schönen Tag noch …

Auch hier gilt: Ergänzungen – gerne in den Herkunftssprachen der Kinder – sollen vorgenommen werden.

Höflichkeitswörter und andere nette Komplimente können mit Spielen wie „Ich packe meinen Koffer" (in Gruppen) oder dem KIM-Spiel, bei welchem Begriffe gezeigt, abgedeckt und anschließend wiedergegeben werden müssen, memoriert werden.

Möglich ist ebenfalls, positive Wörter, Lob etc. im Rahmen von Interviews zu sammeln: Die Schüler gehen in andere Klassen und schreiben die Nennungen entweder mit oder zeichnen sie mit einem Aufnahmegerät auf.

3 Tabellarische Übersicht aller Übungen

ICH				
	Übung:	**Fach:**	**KV:**	**Sonstiges Material:**
1.	ABC Gedicht: Was ich (nicht) mag	DE	S. 32	liniertes Papier oder Heft
2.	Positive Erlebnisse und Erinnerungen: Der alte Teppich	DE, KU	–	weißes Papier oder Heft
3.	Mein Wohlfühlort	SU	–	Papier oder Heft
4.	Leporello: Das hast du gut gemacht	DE	S. 33–34	
5.	Die vergangenen 24 Stunden	DE, MA	–	liniertes Papier oder Heft
6.	Faltmini: Positivtagebuch	DE, KU	S. 35	weißes Papier
7.	Positive Aktivitäten	SU	S. 36	–
8.	Meinen Tag planen	SU	–	liniertes Papier oder Heft
9.	Mein Würfel gegen Langeweile	SU, MA	S. 37	–
10.	Wie „Hand“lich	SU, RE	–	Papier oder Heft, Stempelkissen, evtl. Feuchttücher
11.	Meine Körperteile	SU, (KU)	–	Plakate, evtl. Packpapier
12.	Das mag ich an mir	SU	–	Papier
13.	Mein Wappen	DE, KU	–	Papier
14.	Arbeit am Computer: Der Brief an mich selbst	DE, SU	–	Papier für Drucker, evtl. Schmuckblätter, evtl. frankierte Briefumschläge
15.	Die eigene Meinung vertreten: Das grüne Fahrrad	DE	S. 38	Papier oder Heft
16.	Mein Stärken-Akrostichon	DE	–	liniertes Papier oder Heft
17.	Was ist mir gut gelungen?	DE	–	liniertes Papier oder Heft
18.	Lied: Ich schaff das schon	MU	S. 39	liniertes Papier oder Heft
19.	Ich wünsche mir, ich könnte	DE	–	liniertes Papier oder Heft
20.	Fantasiegeschichte zum Entspannen	DE	–	–
21.	Internetrecherche: Mein Bild zum Entspannen	SU	–	Computer, Druckerpapier
22.	Kritik/Verletzungen loswerden	SU, KU	S. 40	kleine Zettel
23.	Arbeit am Computer: Mein Positivsteckbrief	DE, SU	–	Papier für Drucker
24.	Der Schuhkarton als Steckbrief	SU, KU	S. 41	Schuhkartons, persönliche Gegenstände
25.	Mein Lebensbaum	SU, KU	–	weißes Papier DIN A3

ICH				
	Übung:	**Fach:**	**KV:**	**Sonstiges Material:**
26.	Mein Mutmacher	KU	–	weißes/buntes Papier DIN A5
27.	Eine Schultüte voller Wünsche	KU, DE, RE	S. 42	kleine Zettel
28.	Meine Lieblingsmenschen	SU	–	Papier DIN A3
29.	Das Dankesleporello für meine Eltern	SU RE	S. 33–34	–
30.	Mein Säulendiagramm	MA, SU	S. 43	–
31.	Das wünsche ich mir für den heutigen Tag	SU RE	–	liniertes Papier oder Heft
32.	Kamishibai: Der Elefant Elo	SU, KU	S. 44–52	–
33.	Blumen – Wir blühen auf	DE, KU	–	weißes Papier, evtl. grünes Tonpapier

DU				
	Übung:	**Fach:**	**KV:**	**Sonstiges Material:**
34.	Warme Dusche	DE	S. 68–69	–
35.	Liebes Lästern	DE	–	–
36.	Schreibkarussell: Komplimentebrief	DE	S. 70	–
37.	Was ich an dir mag	DE	–	weißes Papier
38.	Was wir an dir mögen	DE	–	evtl. weißes Papier
39.	Ein Elfchen über dich	DE	–	evtl. weißes Papier
40.	Diese Wörter passen zu dir	DE	S. 71	–
41.	Unterschiede und Gemeinsamkeiten – Placemat	DE, RE	S. 72	–
42.	Wasserblumen erblühen	SU	S. 73	Schüsseln mit Wasser
43.	Ich schenke dir ein Foto: Arbeit mit der Digitalkamera	KU, SU	–	Digitalkameras, Fotopapier
44.	Rätsel: Einer raus!	DE	–	Block oder Blatt Papier
45.	Sprechende Bilder	DE, KU, EN	S. 74–77	–
46.	Das schaffen wir nur gemeinsam: Drei Kinder, vier Beine	SPO	–	–
47.	Spiele mit verbundenen Augen	SPO	–	Tuch zum Augenverbinden, Gegenstände als Hindernis
48.	Gemeinsam sind wir stark: Spiele an der Langbank	SPO	–	Langbänke, Gymnastikreifen, Bälle, Medizinbälle, Hütchen
49.	Unsere Freundschaftsbänder	KU	–	bunte Wolle
50.	Vier-Ecken-Malen	KU	–	Papier DIN A3
51.	Ich bin stolz auf dich, weil …	KU, SU, DE	–	Digitalkameras, Fotopapier, evtl. weißes Papier
52.	Gedicht: Was mir gefällt	DE	S. 78	liniertes Papier oder Heft
53.	Dein Ferienbuch	KU, DE, MA	–	weißes Papier
54.	Postkarte in den Ferien: Ich vermisse dich, weil …	DE	–	vorfrankierte Postkarten
55.	Unsere gemeinsame Zeit	MA	–	kariertes Papier oder Heft
56.	Ich bin dein Spiegelbild	MA, SPO	–	–
57.	Heinzelmännchen	SU	–	Namenskärtchen
58.	Ich schenke dir …	KU (für den Wochenbeginn)	–	–
59.	Geschenke: Gute Taten	SU (für den Wochenbeginn)	S. 79	Kärtchen, evtl. liniertes Papier

WIR				
	Übung:	**Fach:**	**KV:**	**Sonstiges Material:**
60.	Ich bin … und ich kann gut …	DE, EN (für den Schuljahresanfang)	–	–
61.	Du kannst gut …	DE	–	weißes Papier/Heft
62.	„Du kannst gut" als Kugellager	DE	–	–
63.	Helfer sein: Hilfsaktionen fotografisch darstellen	SU, KU, RE (besonders November)	–	Digitalkameras, Fotopapier
64.	Gedicht: Wann Freunde wichtig sind	DE	S. 92	liniertes Papier/Heft
65.	Schildkrötenpanzer	DE	–	Pappteller, Schnüre/Klammern
66.	Der Lobbriefkasten	DE	S. 93	Schachteln (KV)/Briefumschläge, kleine Zettel
67.	Das Geheimnis von GrüBiDa-Land	SU, DE, EN	S. 94	liniertes Papier/Heft, evtl. Plakat
68.	Land-Art: Nette Worte	KU, EN	–	Naturmaterialien, Digitalkameras, Fotopapier
69.	Dilemmageschichten fotografisch darstellen: sich entschuldigen	SU, KU, DE	–	Digitalkameras, Fotopapier, evtl. liniertes Papier/Heft
70.	Gute-Taten-Leine	DE	S. 95	Leine, Klammern, kleine Zettel
71.	Gordischer Knoten	SPO	–	–
72.	Kommunizieren ohne Worte	SPO, SU, (DE)	–	–
73.	Freundlicher Start in den Tag: Persönliche Begrüßung	SU, DE	–	–
74.	Ein gutes Wort: Wir vertonen mit dem Aufnahmegerät	DE, SU, EN	–	Aufnahmegerät
75.	Gruppensofa	SPO	–	–
76.	Der Klassenrat	SU	S. 96	Schachtel/Briefkasten
77.	Komplimentekärtchen verschenken	fächerübergr.	S. 97	–
78.	Brief für dich	DE	–	evtl. Klassenliste
79.	Bombenentschärfung	SPO	–	Hütchen o. Ä.
80.	Klassensäulendiagramm	MA	S. 98–101	–

4 Ich: Unterrichtsideen zur Förderung der Ich-Stärke

Die Unterrichtsideen des folgenden Kapitels verfolgen das Ziel, die Ich-Stärke zu fördern bzw. die Kinder für einen achtsamen Umgang mit sich selbst zu sensibilisieren.

Auch wenn es um den Blick des einzelnen Schülers auf sich selbst geht, werden die Übungen nicht immer in Einzelarbeit durchgeführt, da die Förderung einer positiven Sichtweise auf das eigene Ich durchaus in Partner- oder Gruppenarbeit stattfinden kann.

Einige der Unterrichtsideen beziehen sich auf das familiäre Umfeld, also die Bezugspersonen. Zum einen soll so deren Bedeutung für das eigene Wohlbefinden realisiert werden, zum anderen wirkt so vielleicht die ein oder andere Übung auch in die Familien hinein.

ABC-Gedicht: Was ich (nicht) mag

Fach:	**Deutsch**
Zeit:	45 Minuten
Materialien:	KV 4.1 (Seite 32), liniertes Papier (DIN A4) oder Heft
Vorbereitung:	Kopieren Sie das Beispielgedicht auf Folie.

Durchführung:

Gemeinsam werden die Beispiele „Was ich mag“ und „Was ich nicht mag“ von Peter Högler betrachtet. Es soll herausgefunden werden, dass zu jedem Buchstaben des Alphabets eine Nennung erfolgt – was man mag und was man nicht mag.

Nun sollen die Kinder selbst ein Abecedarium zum Thema „Was ich mag“ erstellen: Sie schreiben die Buchstaben untereinander und fügen jeweils ein Wort hinzu. Sollten Kinder wenige Einfälle haben – zu manchen Buchstaben ist es wirklich schwer etwas zu finden –, darf ein Wörterbuch benutzt werden. Denkbar ist auch, dass sich die Schüler untereinander austauschen.

Schnelle Schüler erstellen im Anschluss noch ein Abecedarium zum Thema „Was ich nicht mag“.

Eine Möglichkeit, sich gegenseitig die Ergebnisse vorzustellen, ist der Marktplatz: Die Jungen und Mädchen laufen im Klassenzimmer umher und suchen sich selbstständig einen Partner. Sind sie fertig mit der gegenseitigen Vorstellung ihrer Werke, suchen sie sich eigenständig ein neues Gegenüber.

Zusatzinformationen:

Als Variante können zu den einzelnen Buchstaben auch Sätze geschrieben werden.

Positive Erlebnisse und Erinnerungen: Der alte Teppich

Fach:	**Deutsch, Kunst**
Zeit:	45 Minuten
Materialien:	weißes Papier oder Heft
Vorbereitung:	keine

Durchführung:

Lesen Sie folgende Geschichte vor:

Es war einmal ein uralter Teppich, der seit Jahrhunderten im Besitz der Familie Prunke war. Von Generation zu Generation wurde er weitervererbt. Immer lag er mitten im Wohnzimmer, umgeben von Schränken, Stühlen und einem großen Esstisch. Auch das Sofa und die große Vitrine standen nicht weit von ihm entfernt. So lag der Teppich Tag um Tag, Woche um Woche, Monat um Monat, Jahr um Jahr. Jedes Fest, jedes Essen, jeden Besuch, jedes Auf-der-Couch-Lümmeln, ja jeden Moment der Familie hatte er miterlebt. Er war voll von Erlebnissen und Erinnerungen.

Fordern Sie nun die Kinder auf, zu überlegen, was der alte Teppich erlebt hätte, wenn er bei ihnen im Wohnzimmer gelegen hätte. Betonen Sie, dass es nur auf die *schönen* Momente und Erlebnisse ankommt. Die Schüler notieren all ihre Gedanken dazu auf einem „alten Teppich“, den sie selbst zeichnen. Natürlich darf der Teppich auch kreativ ausgestaltet werden.

Im Anschluss stellen sich die Kinder in Kleingruppen die Ergebnisse vor.

Mein Wohlfühlort

Fach:	**Sachunterricht**
Zeit:	35 Minuten
Materialien:	Papier (DIN A4) oder Heft
Vorbereitung:	keine

Durchführung:

Die Schüler sollen einen Ort beschreiben, an dem sie sich besonders wohlfühlen, der ihnen ein Gefühl der Sicherheit gibt. Dies kann das eigene Zimmer, aber auch beispielsweise das Wohnzimmer bei den Großeltern oder auch eine konkrete Lokalität, wie ein Sofa, ein Bett etc., sein.

Diesen Wohlfühlort sollen die Kinder beschreiben und evtl. malen. Wer möchte, kann sein Ergebnis präsentieren. Es können Fragen angeschlossen werden: Warum hast du ausgerechnet diesen Ort ausgewählt? Was macht einen Raum, ein Gebäude, eine Sitzgelegenheit zu einem Wohlfühlort? Kann man auch anderswo einen solchen Ort finden? Welche Bedingungen müssen dort erfüllt sein? Sind es vielleicht vielmehr die Gegebenheiten, die an einem Ort herrschen, die die Sicherheit ausmachen und gar nicht der Platz selbst (es sind Bezugspersonen da, ich werde dort verstanden, ich kann selbst über mich bestimmen etc.)?

Diese Übung soll den Kindern verdeutlichen, dass sie sich nicht nur an einem Ort sicher und geborgen fühlen können. Es kann ihnen helfen, in schwierigen Situationen an diesen Platz – als sicheres Refugium – zu denken.

Zusatzinformationen:

Selbstverständlich dürfen die Kinder auch Personen, Tiere etc. dazu malen, die den Wohlfühlort ausmachen.

Leporello: Das hast du gut gemacht

Fach:	**Deutsch, Kunst**
Zeit:	15 Minuten
Materialien:	KV 4.2 (1–2) (Seite 33–34)
Vorbereitung:	keine

Durchführung:

Jeder Schüler erhält eine Kopiervorlage des Leporellos und muss diese ausschneiden, an den Klebelaschen zusammenkleben sowie falten.

Anschließend wird das Leporello mit nach Hause genommen und die Eltern/Großeltern der Kinder notieren jeden Tag eine lobenswerte Tat/Eigenschaft des Schülers. Dies können natürlich auch Tätigkeiten sein, die nichts mit dem schulischen Bereich zu tun haben.

Die vergangenen 24 Stunden

Fach:	**Deutsch, Mathe** (Zeit)
Zeit:	45 Minuten
Materialien:	liniertes Papier oder Heft
Vorbereitung:	besprechen, welcher Zeitraum gemeint ist und veranschaulichen

Durchführung:

Damit der Blick auf das Positive eines Tages gerichtet wird, soll jedes Kind aufschreiben oder -malen, was es in den vergangenen 24 Stunden alles Schönes erlebt, gesehen, erfahren hat. Unabdingbar hierfür ist es zu besprechen, wann genau der Zeitraum begonnen und über welche Situationen er sich erstreckt hat (z. B. Hortzeit, nach Hause gehen, spielen, Abendessen, schlafen, heute Morgen aufstehen etc.). Zusätzlich muss thematisiert werden, was alles aufgelistet werden kann – wichtig: Es zählen auch Kleinigkeiten (ein Telefonat, ein gutes Essen, eine Süßigkeit, ein erhaltenes oder gemachtes Kompliment, eine freundliche Begrüßung, eine nette Verkäuferin, ein lustiger Witz, eine schöne Blume, eine geknackte Matheaufgabe, ein geschossenes Tor, die hereinscheinende Sonne ...). Im Anschluss können die Schüler (freiwillig!) ihre Liste vorstellen: Was haben vielleicht mehrere notiert?

Faltmini: Positiv-Tagebuch

Fach:	**Deutsch, Kunst**
Zeit:	20 Minuten (Einführung und Gestaltung) eine Woche lang 5 Minuten täglich (Ergebnisvorstellung)
Materialien:	KV 4.3 (Seite 35), DIN-A4-Papier (blanko)
Vorbereitung:	keine

Durchführung:

Das Positivtagebuch kann als Fortführung der Unterrichtsidee „Die vergangenen 24 Stunden" umgesetzt werden. Selbstverständlich kann es aber auch unabhängig von dieser durchgeführt werden.

Jeder Schüler bastelt sich ein Faltmini. Es wird besprochen, dass das Faltmini eine Woche lang als „Positivtagebuch" geführt werden soll: Täglich soll mindestens eine Sache aufgeschrieben werden,

die besonders schön war. Genauso wie bei der Übung „Die vergangenen 24 Stunden“ sollte darauf hingewiesen werden, dass auch Kleinigkeiten zählen.

Jedes Kind gestaltet die Vorderseite nach seinen Vorstellungen – evtl. angelehnt an die Optik eines Tagebuchs. Einzige Vorgabe ist, dass der Name vermerkt werden muss. Danach werden die Seiten fortlaufend mit den Wochentagen beschriftet – auf jeder Seite wird ein Datum vermerkt. Gefüllt werden die Seiten entweder an jedem Abend zu Hause oder gleich morgens in der Schule (bezugnehmend auf den vorigen Tag). Selbstverständlich darf jeder Eintrag noch verziert werden.

Täglich – z. B. im Morgenkreis – dürfen Schüler freiwillig nennen, was sie aufgeschrieben haben. So soll der Fokus auf die positiven Geschehnisse eines Tages gelenkt werden.

Positive Aktivitäten

Fach:	**Sachunterricht**
Zeit:	30 Minuten
Materialien:	KV 4.4 (Seite 36)
Vorbereitung:	evtl. Klärung mancher Begrifflichkeiten der Liste

Durchführung:

Jedes Kind erhält eine Liste (KV 4.5, S. 36) mit möglichen Freizeitaktivitäten. Aufgabe ist es anzukreuzen, welche der aufgeführten Möglichkeiten gerne ausprobiert oder wieder einmal bzw. häufiger gemacht werden wollen. Das Ankreuzen soll spontan, also ohne längeres Überlegen, geschehen. Zusätzlich kann jeder Schüler eigene Ideen notieren.

Ziel ist es, Möglichkeiten einer Freizeitgestaltung aufzuzeigen, die eine gute Alternative zum Medienkonsum oder zu negativ Erlebtem darstellen. Auch Langeweile dürfte so nicht mehr aufkommen. Freie Zeit soll künftig so genutzt werden, dass wohltuende Erfahrungen möglich sind und Stress abgebaut werden kann. Eigene Bedürfnisse sollen befriedigt werden.

Von Zeit zu Zeit wird im Klassenverband darüber reflektiert, ob Angekreuztes der Liste umgesetzt werden konnte.

Zusatzinformationen:

Einige der aufgelisteten Freizeitgestaltungsmöglichkeiten kann das Kind alleine umsetzen, für andere hingegen braucht es die Unterstützung anderer (Freunde, Eltern …). Es sollte thematisiert werden, dass es durchaus vorkommen kann, dass diese Personen einmal keine Zeit oder Lust für bestimmte Unternehmungen haben. Hierbei sollte der Blickwinkel der anderen eingenommen und Verständnis geweckt werden.

Meinen Tag planen

Fach:	**Sachunterricht**
Zeit:	35 Minuten
Materialien:	liniertes Papier oder Heft
Vorbereitung:	keine

Durchführung:

Die Kinder sollen lernen, ihren Tag so zu gestalten, dass neben den Pflichtaufgaben auch Zeit für Dinge ist, die ihnen guttun.

In einem ersten Schritt schreiben die Schüler auf, was ihnen an einem Tag wichtig ist, für welche Aktivitäten sie unbedingt Zeit haben wollen. Anschließend notieren sie, welche Verpflichtungen anfallen (Schule, Hausaufgabe machen, Klavier üben, Zimmer aufräumen …). Die Bewertungen sind hierbei ganz individuell – so kann das Üben am Klavier für den einen zu den Pflichtaufgaben zählen, für den anderen hingegen eine gern ausgeführte Tätigkeit sein.

Danach legt jedes Kind für die einzelnen Wochentage einen Plan an. Dieser enthält die Dinge, die erledigt werden müssen, aber auch Unternehmungen, die für das Kind einen hohen Stellenwert haben. Dabei müssen Überlegungen wie diese angestellt werden: Was kann ich weglassen/ist vielleicht gar nicht so wichtig? Was sind „Zeiträuber"?

Zusatzinformationen:

Beim Notieren der Tätigkeiten, die die Kinder gerne in ihrem Tagesplan wiederfinden, kann es helfen, auf die Unterrichtsergebnisse von „Positive Aktivitäten" (Seite 16) und von „Faltmini: Positivtagebuch" (Seite 15) zurückzugreifen.

Mein Würfel gegen Langeweile

Fach:	**Sachunterricht, Mathe** (Körperformen)
Zeit:	45 Minuten
Materialien:	KV 4.5 (Seite 37)
Vorbereitung:	keine

Durchführung:

Jeder Schüler schneidet das Würfelnetz aus. Aufgabe ist es, auf jedes Quadrat eine Aktivität zu schreiben, die das Kind gerne macht. Hierbei kann es sich an seiner Liste der positiven Aktivitäten oder an seinem Positivtagebuch orientieren. Jede Fläche darf natürlich nicht nur beschriftet, sondern auch kreativ gestaltet werden.

Anschließend können sich die Kinder gegenseitig ihre Würfel auf dem Marktplatz vorstellen: Alle laufen im Klassenzimmer umher und suchen sich eigenständig einen Partner. Es folgt eine gegenseitige Präsentation, sind sie fertig, ziehen sie jeweils weiter zu einem anderen Klassenkameraden.

Sinn dieser Übung ist, bei aufkommender Langeweile – vor allem in den Ferien – zu würfeln und diese Aktivität dann umzusetzen. Es sollte besprochen werden, dass sich folglich Unternehmungen gut eignen, die jedes Kind alleine und ohne größeren Aufwand umsetzen kann. Des Weiteren sind Nennungen wie „am PC spielen" untersagt. Die Übung soll eine gesundheitsförderliche Freizeitgestaltung unterstützen, die sich an den Bedürfnissen des einzelnen Kindes orientiert.

Zusatzinformationen:

Hilfreich ist es, wenn bereits die Übungen „Positive Aktivitäten" und/oder „Positivtagebuch" durchgeführt worden sind.

Wie „Hand“lich

Fach:	**Sachunterricht, Religionslehre**
Zeit:	45 Minuten
Materialien:	Papier (DIN A4) oder Heft, Stempelkissen, evtl. Feuchttücher
Vorbereitung:	keine

Durchführung:

Die Schüler umfahren jeweils den Umriss einer ihrer Hände. Mithilfe von Stempelkissen bringen sie ihre Fingerabdrücke an den entsprechenden Stellen auf das Papier. Anschließend schreiben sie in die Handinnenfläche, wozu sie ihre Hände benutzen. Unterstützend können sie ihren Tagesablauf durchgehen (Zähne putzen, Haare kämmen, umziehen etc.).

Es wird gesammelt, was die Kinder auf die Hände notiert haben. Es soll die Erkenntnis folgen, dass unsere Hände den ganzen Tag über viel für uns tun und dass wir ohne sie ziemlich hilflos wären. Ziel ist es, die Wertschätzung für diese Körperteile zu steigern.

In einem nächsten Schritt sollen die Kinder ihr Werk mit denen der anderen vergleichen und dabei feststellen, dass jeder Mensch einen einzigartigen Fingerabdruck hat. Gleichzeitig werden die gemeinsamen, äußeren Merkmale besprochen (fünf Finger, Handteller etc.). Dies kann durch das Besprechen des gleichen inneren Aufbaus (Nerven, Muskulatur etc.) ergänzt werden. Anhand der Hände kann also die Erkenntnis erfolgen: Jeder ist einzigartig (wie der Fingerabdruck), weist aber auch Gemeinsamkeiten mit anderen auf (wie der Aufbau der Hände). Wird die Übung im Rahmen des Religionsunterrichts durchgeführt, kann ein Bezug zur konfessionellen, religiösen und weltanschaulichen Vielfalt hergestellt werden.

Zusatzinformationen:

Nach der Benutzung der Stempelkissen müssen sich die Kinder die Finger entweder an einem Taschentuch oder einem Feuchttuch abwischen oder die Hände waschen.

Meine Körperteile

Fach:	**Sachunterricht, (Kunst)**
Zeit:	45–60 Minuten
Materialien:	Plakate (entsprechend der Anzahl der Körperteile), evtl. Packpapier
Vorbereitung:	Graffitimethode erklären

Durchführung:

Gemeinsam werden Körperteile bzw. -regionen gesammelt (Arme, Beine, Kopf/Gehirn, Bauch, evtl. auch Organe, Füße …). Jedes genannte wird auf einem Plakat als Überschrift notiert. Nun werden alle Poster an verschiedenen Stellen im Klassenzimmer (und evtl. auch auf dem Flur) ausgelegt.

Teilen Sie die Klasse entsprechend der Anzahl der Plakate in Gruppen ein. Jede Gruppe ordnet sich einem Körperteil zu und notiert auf dem Papier, wieso diese Körperregion wichtig ist, welche Funktion sie hat, wieso man sie mag, was man schön an ihr findet etc. Auf ein akustisches Signal hin wechseln die Gruppen in einer festgelegten Reihenfolge zum nächsten Plakat und ergänzen dieses, bis alle wieder an ihrem Ausgangspunkt angelangt sind.

Schließlich werden die einzelnen Nennungen auf den Plakaten präsentiert.

Ziel ist, dass die Kinder ihren gesamten Körper wertschätzen, nachdem sie ihr Augenmerk auf die positiven Aspekte einzelner Regionen gerichtet haben.

Zusatzinformationen:

Je nach Ausgangslage der Klasse kann es sinnvoll sein, einen Schreiber in jeder Gruppe zu bestimmen.

Eine Alternative ist, dass von einigen Kindern (Freiwilligen!) die Körperumrisse auf Packpapier gezeichnet werden. Anschließend schreiben die Schüler zu den einzelnen abgebildeten Körperbereichen, warum diese wichtig sind / weshalb man sie mag (s. o.).

Das mag ich an mir

Fach:	**Sachunterricht**
Zeit:	15 Minuten (Stellen der Hausaufgabe und Präsentation der Ergebnisse)
Materialien:	Papier (DIN A4)
Vorbereitung:	keine

Durchführung:

Die folgende Unterrichtsidee soll dazu beitragen, dass die Kinder ihren Körper positiv wahrnehmen.

Die Schüler erhalten die Hausaufgabe, sich vor einen möglichst großen Spiegel zu stellen und sich selbst zu betrachten. Dabei sollen sie ihren Blick bewusst auf Dinge lenken, die sie gut an ihrem Körper finden. Was finden sie besonders schön? Was finden sie besonders wichtig? Diese Körperregionen zeichnen sie auf ein Blatt Papier.

Wer möchte, darf sein Ergebnis präsentieren. Denkbar ist auch, dass sich jeweils zwei Partner zusammenfinden, die sich ihre Hausaufgabe vorstellen – so ist der Rahmen etwas privater.

Zusatzinformationen:

Als freiwillige Zusatzaufgabe können die Kinder Begründungen aufschreiben, weshalb sie diesen Bereich ihres Körpers besonders gerne mögen / wichtig finden (... weil ich finde, dass meine Augen eine sehr schöne Farbe haben; ... weil ich mit meinen Augen alles sehen kann).

Zusätzlich können die Kinder markieren, was einzigartig an ihrem Körper ist (Fingerabdruck, Leberfleck ...).

Mein Wappen

Fach:	**Deutsch, Kunst**
Zeit:	45 Minuten
Materialien:	Papier (DIN A4)
Vorbereitung:	keine

Durchführung:

Jeder Schüler gestaltet sein eigenes Wappen: In einem Feld wird ein schönes Erlebnis, eine gute Erinnerung dargestellt (gemalt/geschrieben); in ein weiteres etwas, das das Kind gerne alleine macht; in das dritte Feld soll etwas eingetragen werden, das gerne zusammen mit anderen unternommen oder getan wird und in das letzte Feld trägt der Schüler etwas ein, das ihn auszeichnet (eine besondere Eigenschaft oder etwas, das er besonders gut kann). Anschließend kann das Wappen noch verziert und vorgestellt werden. Denkbar ist auch, dass die Schüler das gesamte Wappen selbst zeichnen und gestalten.

Es kann mit den Kindern noch darüber philosophiert werden, warum die Form eines Wappens gewählt wurde (Das Dargestellte macht mich stark, dient als Schutzpanzer bei negativen Erfahrungen, bei Verletzungen. Möglich ist auch: Diese Dinge zeichnen mich aus, deshalb gehören sie auf mein persönliches Wappen).

Zusatzinformationen:

Alternativ kann man das Wappen auch wie folgt „befüllen" lassen: In drei Felder malt oder schreibt das Kind etwas, das tatsächlich zu ihm passt (Hobbys, Eigenschaften, Vorlieben ...); in eines der vier Felder fügt der Schüler etwas ein, das ihn nicht auszeichnet. Die anderen müssen erraten, welches der vier Felder das „falsche" ist. Dieses Vorgehen eignet sich gut am Schuljahresanfang einer neuen Klasse zum gegenseitigen Kennenlernen.

Arbeit am Computer: Der Brief an mich selbst

Fach:	**Deutsch, Sachunterricht**
Zeit:	45–60 Minuten
Materialien:	Papier für den Drucker, evtl. Schmuckblätter, evtl. frankierte Umschläge
Vorbereitung:	Computer auf Funktionsfähigkeit überprüfen, kurze Einführung in die Arbeit an einem Computer, besprechen, welche Themenfelder zum Inhalt werden können (sportliche Leistungen, Lesen, Kopfrechnen, zuverlässiges Anfertigen der Hausaufgaben ...)

Durchführung:

Die Kinder überlegen, was sie im Laufe des (zurückliegenden) Schuljahres gut gemacht haben bzw. welche Eigenschaften sie an sich selbst besonders schätzten. Hierbei ist es hilfreich, wenn sich die Kinder vorstellen, dass ein Mitschüler Positives an ihnen aufzählen würde: Was könnte das alles sein? Was würde der andere alles nennen? Außerdem können auch aufmunternde Worte für das kommende Schuljahr gesammelt werden.

Dann überlegt sich jedes Kind, was es in einen Brief an sich selbst schreiben würde. Eventuell ist es sinnvoll, dass stichpunktartig Notizen gemacht werden und es einen Austausch mit dem Nachbarn gibt. Dann geht es an die Schulcomputer: Jeder schreibt nun seinen Brief an sich selbst und druckt diesen aus.

Wer möchte, kann im Anschluss seinen Brief vorlesen. Denkbar ist hier die gegenseitige Vorstellung der Briefe in Kleingruppen. Keiner sollte zum Vorlesen gezwungen werden!

Entweder werden die Briefe nun mit nach Hause genommen oder sie werden in Umschläge gesteckt und von der Lehrkraft in den Sommerferien verschickt. Die Umschläge sollten von den Eltern vorbereitet werden (mit Adresse und Briefmarke versehen).

Zusatzinformationen:

Diese Unterrichtsidee eignet sich am besten für das Ende eines Schuljahres.

Die Kinder sollten sich in dem Brief mit „du" anreden. Dies muss im Vorfeld thematisiert werden, da sonst häufig die „Ich-Form" zum Einsatz kommt.

Achtung: Meist kann an den Schulcomputern nichts gespeichert werden. Die Arbeit an den PCs also nach Möglichkeit in einer Unterrichtseinheit abschließen.

Die Briefe können auch per Hand geschrieben werden – evtl. auf ein Schmuckblatt (nach einer Erstfassung auf einem einfachen Papier).

Vorlage für den Elternbrief:

Liebe Eltern,

in Kürze wird jedes Kind einen Brief an sich selbst schreiben, in welchem es Positives über sich selbst notiert bzw. Revue passieren lässt, was es bisher alles geleistet hat. Ich möchte den Brief in den Sommerferien an die Schüler versenden. Deshalb wäre es schön, wenn Sie Ihrem Kind in den nächsten Tagen einen <u>*frankierten*</u> *Umschlag mit Ihrer* <u>*Adresse*</u> *mitgeben, in welchen wir den Brief dann stecken können. Ihr Kind freut sich sicher, in den Ferien einen Brief – und zwar von sich selbst – zu erhalten.* ☺

Besten Dank im Voraus!

Herzliche Grüße!

Die eigene Meinung vertreten: Das grüne Fahrrad

Fach:	**Deutsch**
Zeit:	45 Minuten
Materialien:	KV 4.6 (Seite 38), evtl. Papier oder Heft
Vorbereitung:	keine

<u>Durchführung:</u>

Gemeinsam wird der Text „Das grüne Fahrrad“ von Ursula Wölfel erlesen. Nach Klärung des Inhaltes sollte herausgearbeitet werden, dass es wichtig ist, zu seiner Meinung zu stehen und diese anderen gegenüber zu vertreten. Besprechen Sie, wie man seine Ansichten vertreten sollte (sachlich, freundlich, nicht mit der Tür ins Haus fallen …).

Schließen Sie die Frage an, warum es manchmal ganz schön schwierig ist, seine Meinung zu vertreten (mögliche Antworten: Weil man sich nicht traut, der anderen Person nicht widersprechen, ihr „gefallen“ möchte etc.). An dieser Stelle kann man aufzeigen, dass andere einen auch noch mögen, wenn man seine Meinung sagt – tun sie das nicht, sind sie keine echten Freunde.

Im Anschluss können die Kinder noch zur Geschichte schreiben oder malen (evtl. ein Fahrrad in ihrer eigenen Lieblingsfarbe).

<u>Zusatzinformationen:</u>

Sprechen Sie an, dass man nicht immer seine eigene Meinung durchsetzen kann, dass es auch Kompromisse geben muss. Lassen Sie die Kinder Begründungen hierfür finden.

Stärken-Akrostichon

Fach:	**Deutsch**
Zeit:	45 Minuten
Materialien:	liniertes Papier oder Heft
Vorbereitung:	Akrostichon besprechen (Form und Aufbau)

<u>Durchführung:</u>

Bei einem Akrostichon werden die Buchstaben eines Wortes senkrecht untereinandergeschrieben. Zu jedem Buchstaben wird waagrecht ein Wort – oder auch mehrere Wörter – ergänzt.

Beim Stärken-Akrostichon schreibt jedes Kind seinen Namen senkrecht auf und ergänzt zu jedem Buchstaben eine Stärke, die es ausmacht, bzw. etwas, das es gut kann.

Hierbei können Wörter aller Wortarten zum Einsatz kommen. Allerdings sollte besprochen werden, dass beim Akrostichon alle Wörter – unabhängig von der Wortart – mit einem Großbuchstaben beginnen.

Erstellen Sie zunächst mit Ihrem eigenen Namen ein Beispiel an der Tafel, um den Kindern das Vorgehen transparent zu machen. Zusätzlich können die Namen von Schülereltern oder anderen Verwandten als Beispiele dienen. Das Kind beschreibt Stärken der jeweiligen Person und so wird im Plenum erneut ein Exempel erstellt.

Leistungsstarke und schnelle Kinder können ihren Nachnamen ergänzen, sodass das Akrostichon umfangreicher wird.

Es muss sichergestellt werden, dass jedes Kind zu seinen Buchstaben positive Eigenschaften, Stärken findet. Hierbei sollten ggf. die Lehrkraft oder andere Kinder unterstützend Wörter ergänzen.

Alternativ kann Verwendung finden, was das Kind gerne macht oder mag, wenn das Finden von „Stärken-Wörtern" schwerfällt (siehe drittes und viertes Beispiel unten).

Bei der Präsentation der Ergebnisse gilt der Grundsatz der Freiwilligkeit – kein Kind sollte zum Vorstellen des eigenen Akrostichons gezwungen werden. Um den Schülern die Scheu vor dem Präsentieren zu nehmen, können die entstandenen Werke auch in Kleingruppen gezeigt werden.

Zusatzinformationen:

Im Vorfeld „Stärken-Wörter" sammeln.

Jedes Kind überlegt zunächst mit einem Partner „Stärken-Wörter" und schreibt diese auf ein Blatt Papier. Im Anschluss erfolgt ein Museumsspaziergang, bei welchem besonders schöne oder passende Wörter geklaut und auf dem eigenen Blatt ergänzt werden dürfen. Schließlich sammelt die Lehrkraft noch einige Wörter an der Tafel. Als zusätzliche Unterstützung kann im Wörterbuch nach Begriffen gesucht werden.

Beispiele:

L ieb
E xperte im Fußballspielen
O berschlau
N eugierig

L ustig
U nheimlich tapfer
K lug
A utoschlangen bauen
S portlich

Beispiele – leichtere Variante:

S chlau
T iergarten besuchen
E is essen
F ußball
F ahrradfahren
E rdbeeren pflücken
N ett

A uf die Kirmes gehen
N udeln
T apfer
J emanden einladen
E hrlich

Was ist mir gut gelungen?

Fach:	**Deutsch**
Zeit:	25 Minuten
Materialien:	liniertes Papier oder Heft
Vorbereitung:	keine

Durchführung:

Am Ende einer Lerneinheit, eines Schultages oder einer Schulwoche soll jedes Kind darüber nachdenken, was ihm besonders gut gelungen ist. Hilfreich können hierbei Satzanfänge wie diese sein: Ich bin stolz auf mich, weil …; ich habe ein Lob verdient, weil, …; ich freue mich, dass ich …; gut gelungen ist mir …; ich kann jetzt besser …; ich bin jetzt ein Profi im …; ich habe … gelöst; ich habe herausgefunden, dass …; ich habe … fleißig geübt.

Die Ergebnisse der Reflexionsphase werden schriftlich festgehalten. Wird ein Lerntagebuch geführt, können die Gedanken auch dort niedergeschrieben werden. Verzierungen dürfen vorgenommen werden.

Anschließend findet eine kurze Austauschphase mit dem Sitznachbarn statt.

Zusatzinformationen:

Je öfter derartige Reflexionsphasen durchgeführt werden, desto leichter fällt es den Kindern, den eigenen Lernprozess zu reflektieren.

Lied: Ich schaff das schon

Fach:	**Musik**
Zeit:	45 Minuten
Materialien:	KV 4.7 (Seite 39), evtl. liniertes Papier oder Heft
Vorbereitung:	Hören Sie sich vorher das Lied an, um die Melodie zu kennen. Musiker können es selbst auf einem Instrument spielen.

Durchführung:

Das Lied „Ich schaff das schon" von Rolf Zuckowski soll den Schülern als Mutmachlied dienen.

Erzählen Sie zur Einstimmung die Geschichte von Meike (angelehnt an den Liedtext). Fragen Sie, wem es denn auch schon einmal so erging, dass etwas nicht gleich geklappt hat oder es eine Situation gab, die furchterregend war.

Schließen Sie die Frage an, wie Meike reagiert (sie gibt nicht auf, sondern erinnert sich an Situationen, die sie bereits gemeistert hat). Fragen Sie die Schüler dann, welche Situationen sie schon gemeistert haben, vor denen sie richtig Angst hatten und die nicht gleich bzw. leicht zu bewältigen waren. Eventuell hält jeder Schüler eine derartige Situation schriftlich fest.

Bevor die Jungen und Mädchen selbst das Lied (mit)singen, muss die Stimme erwärmt werden. Singen Sie das Lied vor. Zur Texterarbeitung bzw. -sicherung können Bewegungen zu dem Text gemacht werden. Des Weiteren kann es in verschiedenen Lautstärken bzw. Gruppen wiedergegeben werden. Denkbar ist auch, den Liedtext als Hausaufgabe üben zu lassen.

Ziel ist, dass sich die Schüler in schwierigen Situationen an solche erinnern, die sie bereits gemeistert haben. Zudem kann das Lied zum Einsatz kommen.

Zusatzinformationen:

Das Lied kann immer wieder gesungen werden: vor Schulaufgaben, vor Aufführungen oder einfach zwischendurch als kleine Verschnaufpause während des Unterrichts.

Eventuell singen sich die Kinder den Text auch leise im Kopf vor, wenn sie einen kleinen Mutmacher benötigen.

Ich wünsche mir, ich könnte ...

Fach:	**Deutsch**
Zeit:	35 Minuten (in den darauffolgenden Wochen jeweils 5 Minuten)
Materialien:	liniertes Papier oder Heft
Vorbereitung:	keine

Durchführung:

Jedes Kind soll für sich überlegen, was ihm schwerfällt oder was es nicht kann, was es aber gerne beherrschen würde.

Diesen – realistischen! – Wunsch notiert jeder Einzelne.

In einem nächsten Schritt soll überlegt werden, wie man dieses Ziel erreichen könnte. Möglichst präzise Nennungen sind hierbei wichtig: Was müsste ich üben oder trainieren? Wie häufig und mit wem übe ich? In welchen Situationen müsste ich mich überwinden? Was oder wer würde mir dabei helfen? Was bräuchte ich dafür? Wen müsste ich um Hilfe bitten, um das Benötigte bereitzustellen?

Die Antworten schreibt erneut jedes Kind für sich, möglichst konkret, auf. Wenn es damit fertig ist, soll es die einzelnen Aspekte durchnummerieren: Welche Maßnahme zur Zielerreichung setze ich zuerst um?

In den darauffolgenden Wochen wird reflektiert: Habe ich meine Maßnahme realisieren können? Wenn ja, welche nehme ich mir als Nächstes vor? Wenn nicht, was hat mich gehindert, welche Unterstützung hätte ich noch gebraucht?

Zusatzinformationen:

Besprechen Sie mit den Schülern, dass es realistische Ziele und Wünsche sein sollen („fliegen können wie ein Vogel" wäre beispielsweise wohl nicht realisierbar). Zudem ist wichtig herauszustellen, dass jeder Mensch in verschiedenen Bereichen Stärken und Schwächen hat: Was dem einen leichtfällt, fällt dem anderen schwer und umgekehrt. Kein Mensch kann alles! „Setze dir ein Ziel, dass *du* erreichen kannst!"

Fantasiegeschichte zum Entspannen

Fach:	**Deutsch**
Zeit:	5 Minuten
Materialien:	keine
Vorbereitung:	keine

Durchführung:

Lesen Sie diesen Text langsam vor:

Du gehst an einem sonnigen Tag im Wald spazieren. Der Himmel ist herrlich blau und die Sonne scheint durch die Blätter der Bäume. An einem Baum klettert ein Eichhörnchen hinauf. Du bleibst stehen und beobachtest, wie es von Ast zu Ast springt. **(Pause)**. *Die Sonne scheint warm auf deine Haut. Du gehst weiter. Auf dem Weg liegen viele bunte Blätter, sie rascheln unter deinen Füßen. Ein paar besonders schöne hebst du auf. Vor dir fliegt ein Schmetterling – er fliegt ein Stück mit dir mit. Du kommst an eine Stelle im Wald, wo viele Baumstämme liegen. Auf einen setzt du dich. Du riechst das frische Holz und hörst dem Gezwitscher der Vögel zu. Was sie sich wohl alles zu berichten haben?* **(Pause).** *Schließlich kommst du zu einem kleinen See. Im Wasser siehst du viele kleine Fische und zwei Enten, die langsam vorbeischwimmen.* **(Pause)**. *Bei einem großen Baum mit vielen Ästen und einem dicken Stamm bleibst du noch einmal stehen, umfasst ihn und fühlst seine glatte Rinde. Was er wohl schon alles erlebt hat?* **(Pause).** *Nun machst du dich auf den Heimweg. Du atmest tief ein und aus, tief ein und aus. Du fühlst dich ruhig und ganz wohl.*

Zusatzinformationen:

Achten Sie darauf, dass die Kinder eine bequeme Sitzposition einnehmen. Wer möchte, darf die Augen schließen.

Internetrecherche: Mein Bild zum Entspannen

Fach:	**Sachunterricht**
Zeit:	45 Minuten
Materialien:	internetfähige Computer, Druckerpapier
Vorbereitung:	Einführung in den Umgang mit dem Computer und dem Internet

Durchführung:

Jedes Kind darf sich im Internet Bilder suchen, die es besonders ansprechend oder beruhigend findet: Das können Tierbilder, Bilder von Blumen, Wiesen, Feldern sein, aber auch Gemälde oder Urlaubsbilder. Selbstverständlich sind weitere Motive erlaubt. Sinnvoll ist, wenn vorab in der Klasse überlegt wird, welche Darstellungen geeignet sind. Schließlich muss sich jeder Schüler für ein Bild entscheiden, das er gerne ausdrucken möchte. Je nach Bildformat kann der Ausdruck in das Federmäppchen oder unter den Tisch gesteckt werden. Während des Schulalltags soll die Abbildung ein kleiner Lichtblick sein, wenn die Schüler etwas Positives zur Aufmunterung brauchen.

Zusatzinformationen:

Optimal ist es, wenn die Unterrichtsidee am Schuljahresanfang durchgeführt wird, da die Kinder ihre Abbildung so das gesamte Schuljahr bei sich tragen können.

Kritik/Verletzungen loswerden

Fach:	**Sachunterricht, Kunst**
Zeit:	45 Minuten
Materialien:	KV 4.8 (Seite 40), kleine Zettel
Vorbereitung:	Beispiele für Verletzungen und nette Worte besprechen

Durchführung:

Zeigen Sie der Klasse das Bild von dem Zauberer und lassen Sie sie dazu frei äußern. Erklären Sie, dass es sich bei seinem Hut um einen ganz besonderen Hut handelt. Sicher haben die Schüler eine Idee, was so ein Zauberhut alles vermag. Sie erklären, dass dieser Hut etwas ganz Besonderes kann: Er kann nämlich Wörter und Sätze, die verletzend waren, in nette Worte, die guttun, umwandeln.

Jedes Kind bastelt nun selbst einen Zauberhut und verziert diesen (den Namen nicht vergessen!). Auf einen kleinen Zettel schreiben die Jungen und Mädchen jeweils eine Kritik/Verletzung, die ihnen widerfahren ist. Auf die Rückseite notieren sie, was sie stattdessen lieber gesagt bekommen hätten bzw. wie man die Botschaft netter hätte formulieren können. Freundliche Worte jedweder Art sind erlaubt.

Zusatzinformationen:

Die Zauberhüte sollten die Kinder stetig begleiten, um Verletzungen „ablegen“ zu können. Deshalb erscheint die Umsetzung dieser Unterrichtsidee eher zu Anfang eines Schuljahres sinnvoll.

Arbeit am Computer: Mein Positivsteckbrief

Fach:	**Deutsch, Sachunterricht**
Zeit:	60 Minuten
Materialien:	KV 4.9 (Seite 41), Papier für den Drucker
Vorbereitung:	Computer auf Funktionsfähigkeit überprüfen, kurze Einführung in die Arbeit an einem Computer

Durchführung:

Die Schüler erhalten den Auftrag, einen „Positivsteckbrief“ über sich zu erstellen. Das Besondere an einem solchen ist, dass dieser neben den gängigen Informationen noch weitere Informationen über die Person enthält. So soll jedes Kind überlegen, welche positiven Eigenschaften es hat, welche Fähigkeiten es auszeichnen, welche Leistungen es bereits erbracht hat (dies können auch außerschulische Errungenschaften wie „Seepferdchen“ und andere sportliche Auszeichnungen sein) und was es besonders an sich mag. Einen ersten Entwurf des Steckbriefes notiert jeder Schüler auf ein Blatt. Damit allen genügend positive Aspekte einfallen, erscheint es sinnvoll, dass sich jeweils die Sitznachbarn austauschen und ggf. Punkte ergänzen dürfen. Zudem sollte die Lehrkraft eingreifen, wenn einzelne Kinder Schwierigkeiten haben, schmeichelhaftes über sich selbst zu finden.

In einem zweiten Schritt dürfen die Schüler ihre Steckbriefe nun am Computer erstellen und anschließend ausdrucken.

In der Folgezeit können die Ergebnisse noch für folgendes Spiel herangezogen werden: Ein Steckbrief wird vorgelesen und es muss erraten werden, welcher Schüler gemeint ist. Unerlässlich ist hier jedoch, dass die Kinder mit dem Vorlesen einverstanden sind.

Zusatzinformationen:

Im Vorfeld muss besprochen werden, was ein Steckbrief ist und wie er formal aufgebaut wird.

Die Begriffe „Eigenschaften, Fähigkeiten, Leistungen“ sind zu erklären bzw. durch Beispiele zu veranschaulichen.

Außerdem ist es sinnvoll, ein gemeinsames Exempel (Steckbrief zur Lehrkraft) zu erstellen. Welche Punkte enthalten sein können, zeigt das Beispiel auf Seite 41.

Achtung: Meist kann an den Schulcomputern nichts gespeichert werden. Die Arbeit an den PCs also nach Möglichkeit in einer Unterrichtseinheit abschließen.

Der Schuhkarton als Steckbrief

Fach:	**Sachunterricht, Kunst**
Zeit:	Projektarbeit
Materialien:	pro Kind ein Schuhkarton, persönliche Materialien
Vorbereitung:	intensive Besprechung, evtl. Beispiel der Lehrkraft präsentieren

Durchführung:

Jeder Schüler gestaltet einen Schuhkarton zur eigenen Person. Die Innenseite repräsentiert „das Innere" des Kindes (Charaktereigenschaften, Fähigkeiten ...); mit der Außenseite sollen äußere Merkmale dargestellt werden.

Hierzu dürfen die Jungen und Mädchen eine Vielzahl von Materialien einsetzen: Bilder aus Zeitschriften, Fotos, Gegenstände, die beispielsweise für ein bestimmtes Hobby stehen etc.

Zentral ist, dass Sie im Vorfeld genau mit der Klasse besprechen, was die „Innen-" und was die „Außenseite" eines Menschen ist. Gehen Sie auch darauf ein, durch welche Dinge dies jeweils repräsentiert werden kann. Dabei ist der Kreativität keine Grenze gesetzt.

Sind die Schuhkartons fertig, erfolgt die Vorstellung. Vielleicht haben Mitschüler hierbei noch Tipps für Ergänzungen parat.

Zusatzinformationen:

Die Präsentation aller Schuhkartons sollte nicht an einem Tag stattfinden (Konzentrationsspanne!).

Mein Lebensbaum

Fach:	**Sachunterricht, Kunst**
Zeit:	45 Minuten
Materialien:	weißes Papier (DIN A3)
Vorbereitung:	gemeinsam Beispiele für Wurzeln, Blüten und Früchte finden

Durchführung:

Die Schüler malen einen Baum, bei dem man die Wurzeln sieht. Außerdem sollen (relativ große) Blüten und Früchte zu sehen sein. Nun wird die Zeichnung ausgefüllt: Auf die Wurzeln sollen die Kinder schreiben, was sie aufrecht hält, auch wenn es einmal „stürmt im Leben", was sie stark macht, so wie der Baum auch bei Wind und Wetter durch die Wurzeln fest im Boden verankert bleibt. In den Blüten werden Träume, Wünsche und Ziele festgehalten, aus den Blüten eines Baumes erwachsen später die Früchte. Das, was im Leben des Kindes bereits „gereift" ist, wird in den Früchten vermerkt: Was beherrscht der Einzelne bereits gut, welche guten Eigenschaften besitzt er?

Wer möchte, kann sein Werk noch durch Eltern und/oder Großeltern ergänzen lassen und anschließend der Klasse vorstellen.

Selbstverständlich darf der Baum ausgemalt werden. Schnelle Kinder können im Hintergrund noch eine Landschaft ergänzen.

Zusatzinformationen:

Sinnvoll ist es, den Kindern eine Beispielzeichnung eines Baumes zu zeigen.

Mein Mutmacher

Fach:	**Kunst**
Zeit:	25 Minuten
Materialien:	weißes/buntes Papier (DIN A5)
Vorbereitung:	Schüler Fotos mitbringen lassen

Durchführung:

Jeder Schüler bringt ein Foto von einem Menschen (Familie, Bekannte, Freunde) mit, welcher ihm Mut macht. Dieser Mutmacher wird auf ein Papier geklebt und anschließend gestaltet jeder Schüler sein Papier individuell mit einem Rahmen. Eventuell schreibt das Kind auch Wörter, die ihm Mut machen, dazu. Weiterhin kann eine Begründung notiert werden, warum diese Person gewählt wurde.

Die Schüler können diesen Mutmacher anschließend in ihr Federmäppchen legen, um diesen immer sichtbar vor sich zu haben.

Zusatzinformationen:

Alternativ kann der Mensch, der dem Schüler Mut macht, auch gemalt werden.

Eine Schultüte voller Wünsche

Fach:	**Kunst, Deutsch, Religionslehre**
Zeit:	45 Minuten
Materialien:	KV 4.10 (Seite 42), kleine Zettel
Vorbereitung:	keine

Durchführung:

Die Schüler basteln mithilfe der Vorlage ihre eigene Schultüte; diese kann zuerst individuell angemalt werden, bevor sie ausgeschnitten und zusammengeklebt wird. Im Anschluss dürfen die Kinder ihre eigenen Wünsche für das Schuljahr auf kleine Zettel notieren und diese in ihrer Schultüte verstauen. Gläubige Schüler können ihre Anliegen auch an Gott richten.

Am Ende des Schuljahres öffnen die Jungen und Mädchen ihre Schultüten wieder und nehmen die Zettel heraus. Nun kann gemeinsam reflektiert werden, welche Wünsche in Erfüllung gegangen sind.

Meine Lieblingsmenschen

Fach:	**Sachunterricht**
Zeit:	35–45 Minuten
Materialien:	Papier (DIN A3)
Vorbereitung:	keine

Durchführung:

Jedes Kind malt sich selbst in die Mitte seines Blattes. Außen herum werden Personen skizziert, die für den Schüler wichtig sind (Verwandte, Bekannte, Freunde, sonstige Bezugspersonen). Zu den dargestellten Menschen wird notiert, weshalb diese wichtig sind bzw. was das Kind toll an ihnen findet. Zusätzlich können Überlegungen zu der Frage „Was tun diese Personen alles für mich?“ angestellt werden.

Auf Freiwilligkeit basierend stellen die Kinder ihre Ergebnisse vor.

In einem nächsten Schritt denken die Jungen und Mädchen darüber nach, ob sie einzelnen Personen ihre aufgeschriebenen Gedanken mitteilen bzw. überreichen möchten.

Das Dankesleporello für meine Eltern

Fach:	**Sachunterricht, Religionslehre**
Zeit:	10 Minuten
Materialien:	KV 4.2 (1 und 2) (Seite 33–34)
Vorbereitung:	keine

Durchführung:

Jeder Schüler erhält eine Kopiervorlage des Leporellos und muss diese ausschneiden, an den Klebelaschen zusammenkleben sowie falten.

Anschließend wird das Leporello mit nach Hause genommen und die Kinder notieren jeden Tag eine Tat/Eigenschaft ihrer Eltern, für die sie dankbar sind. Als Hilfestellung kann im Vorfeld mit den Schülern besprochen werden, wofür man dankbar sein könnte. Schließlich wird das „Werk“ den Eltern überreicht. Im Unterricht können die Reaktionen der Eltern thematisiert werden.

Zusatzinformationen:

Wird die Übung im Rahmen des Religionsunterrichts durchgeführt, so kann jeden Tag Gott für etwas gedankt werden.

Mein Säulendiagramm

Fach:	**Mathe, Sachunterricht**
Zeit:	10 Minuten (Vorbesprechung) 10 Minuten (Besprechung der Ergebnisse)
Materialien:	KV 4.11 (Seite 43)
Vorbereitung:	Säulendiagramm durchnehmen

Durchführung:

Jedes Kind soll zu seinem eigenen Freizeitverhalten ein Säulendiagramm erstellen. Hierzu erhält es eine entsprechende Vorlage. In diese trägt der Schüler eine Woche lang seine Freizeitaktivitäten ein, indem er entsprechende Kästchen ausmalt. Besprechen Sie im Vorfeld die Aktivitäten und erklären Sie, dass in die freien Kästchen selbst noch etwas eingetragen werden kann.

Schließlich werden die Ergebnisse präsentiert. Weiterhin überlegt jedes Kind, ob es etwas an seinem Freizeitverhalten ändern möchte (welchen Tätigkeiten möchte ich öfter/seltener nachgehen?).

Zusatzinformationen:

Besprechen Sie mit den Kindern, dass sie immer dann ein Kästchen ausmalen sollen, wenn sie der Tätigkeit ca. 30 Minuten nachgegangen sind. Veranschaulichen Sie diesen Zeitraum (z. B.: „Die Zeitspanne entspricht zwei Hofpausen.“). Bei jüngeren Kindern kann auch vereinbart werden, dass sie immer dann ein Rechteck ausmalen, wenn sie sich längere Zeit einer Sache gewidmet haben (ohne dabei einen genauen Zeitraum festzulegen).

Sollte die Anzahl der Rechtecke bei einem Item nicht ausreichend sein, soll der Schüler dies einfach entsprechend notieren.

Das wünsche ich mir für den heutigen Tag

Fach:	**Sachunterricht, Religionslehre**
Zeit:	5 Minuten
Materialien:	liniertes Papier oder Heft
Vorbereitung:	keine

Durchführung:

Am Anfang eines Tages sollen die Kinder überlegen und notieren, was sie sich für den Tag wünschen. Dabei können sie nicht nur Wünsche für sich selbst formulieren, sondern auch andere Menschen (Eltern, Geschwister, Großeltern, Tanten, Onkel, Paten, Freunde …) oder Tiere bedenken. Wichtig ist, dass Sie mit den Schülern besprechen, dass es nicht um materielle Dinge geht. Sammeln Sie gemeinsam Beispiele („Ich wünsche mir, dass ich in der Pause jemanden zum Spielen finde, dass meine Mama heute zügig mit ihrer Arbeit fertig wird, dass meine Schwester heute einmal laut lachen kann, dass ich die Hausaufgabe gut verstehe", etc.). Gläubige Kinder können ihre Anliegen auch in Form eines Gebetes verfassen.

Zusatzinformationen:

Optimal ist es, wenn die Wünsche positiv formuliert werden, z. B.: „Ich wünsche mir, dass Mama zügig mit ihrer Arbeit fertig wird", statt: „Ich wünsche mir, dass Mama nicht zu lange für ihre Arbeit braucht". Es soll überlegt werden, was eintreten soll und nicht, was verhindert werden soll.

Eventuell wird am Folgetag kurz darüber reflektiert, ob die Anliegen „wahr wurden".

Kamishibai: Der Elefant Elo

Fach:	**Sachunterricht, Kunst**
Zeit:	60–90 Minuten
Materialien:	KV 4.12 (1–9) (Seite 44–52)
Vorbereitung:	Bilder auf DIN A3 vergrößern und laminieren (vor dem Vergrößern evtl. ausmalen)

Durchführung:

Die Lehrkraft liest die Geschichte vom Elefanten Elo vor und präsentiert jeweils das dazu passende Bild. Dies kann mithilfe des Kamishibais, eines Smartboards oder auch einfach so erfolgen. Im Anschluss daran findet ein Klassengespräch über die Geschichte statt: Was passierte mit Elo am Anfang der Geschichte, als er sich ärgerte? Warum ärgerte er sich? Was geschah am Ende der Geschichte? Was bedeutet das für dich? Was kannst du tun, wenn du dich ärgerst?

Zur Veranschaulichung können die Kinder dann noch einen Elefanten aufmalen, dessen Haut ganz dick ist. Dies kann dadurch verdeutlicht werden, dass mit dicken Stiften gearbeitet wird (z. B. Wachsmalkreide) oder indem beispielsweise Wolle an die Umrisslinie des Elefanten geklebt wird.

Zusatzinformationen:

Die künstlerische Gestaltung eines Elefanten mit dicker Haut kann selbstverständlich auch in Partner- oder Gruppenarbeit geschehen.

Blumen – Wir blühen auf

Fach:	**Deutsch, Kunst**
Zeit:	35–45 Minuten
Materialien:	weißes Papier, evtl. grünes Tonpapier
Vorbereitung:	Beispiele besprechen

Durchführung:

Die Schüler malen eine große Blüte mit vielen Blütenblättern auf ein Blatt und schneiden sie anschließend aus. Aufgabe ist es nun, in jedes Blütenblatt etwas zu schreiben, das man gut kann oder das einen auszeichnet.

Denkbar ist auch, dass ein Blütenblatt durch die Lehrkraft befüllt wird, weitere durch das Kind selbst und die übrigen durch Eltern und Verwandte. Damit wird sichergestellt, dass bei jedem die Blüte vollständig beschriftet wird. Auf freiwilliger Basis können die Ergebnisse vorgestellt oder im Klassenzimmer aufgehängt werden.

Was ich mag

Apfel
Butterbrot
Comics
Dackel
Enten
Ferien
Glocken
Hasen
Igel
Jubel
Kälbchen
Lebkuchen
Mutter
Nüsse
Ostern
Puppen
Quellen
Regen
Salate
Tannen
Uhr
Vater
Winter
Xylophon
Ypsilon
Zirkus

Was magst du?

Peter Högler

Was ich nicht mag

Abfall
Besen
Comics
Donnerstag
Erbsen
Feinde
Gift
Haß
Insektenstiche
Jammer
Koffer
Löcher
Monster
Nebel
Omnibus
Pausen
Quallen
Ratten
Seife
Tabak
Unfall
Verkehr
Wut
Xylophon
Ypsilonchen
Zank

Was magst du nicht?

Peter Högler

Klebefläche

Klebefläche

Dienstag

Freitag

Montag

Donnerstag

Mein Leporello!

Name: ___

Mittwoch

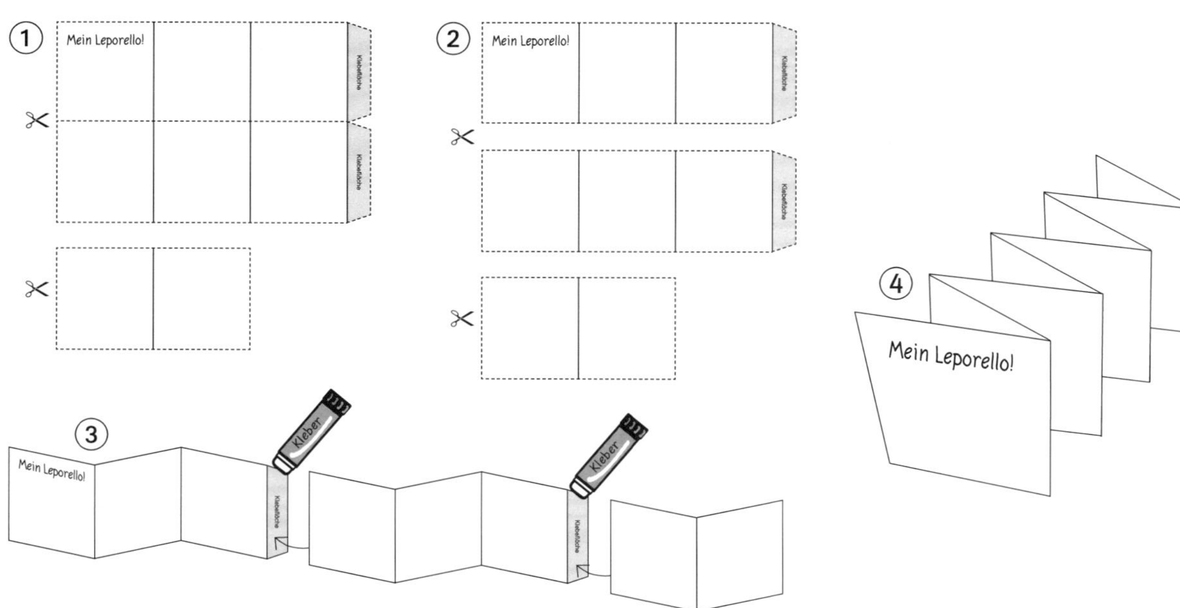

Liebe Eltern,

um die Ich-Stärke Ihres Kindes zu fördern, bitten wir Sie um Ihre Mithilfe. Bitte notieren Sie in diesem Buch jeden Tag eine lobenswerte Sache, die Ihr Kind getan hat.

Liebe Eltern,

Ihr Kind notiert im Rahmen des Religionsunterrichts jeden Tag eine Sache, für die es Gott dankbar ist.

2	1
3	8
4	7
5	6

Das möchte ich gerne in meiner Freizeit tun

Kreuze an!

- ☐ Blumen gießen
- ☐ eine Autoschlange bauen
- ☐ einen Kuchen backen
- ☐ einen Blumenstrauß pflücken
- ☐ auf den Spielplatz gehen
- ☐ Tischtennis spielen
- ☐ Vögel beobachten
- ☐ spazieren gehen
- ☐ telefonieren
- ☐ ein Buch lesen
- ☐ ein Bild malen
- ☐ mich mit einem Freund/einer Freundin treffen
- ☐ Fußball spielen
- ☐ Lehrer/Lehrerin spielen
- ☐ mein Zimmer aufräumen/putzen
- ☐ Fahrrad fahren
- ☐ ein Lager bauen
- ☐ einkaufen gehen
- ☐ ein Puzzle machen
- ☐ tanzen
- ☐ jemandem einen Brief schreiben
- ☐ Armbänder basteln
- ☐ mich verkleiden
- ☐ ein Hörspiel hören
- ☐ ein Lesezeichen basteln
- ☐ einen Turm bauen
- ☐ eine Zeitschrift lesen
- ☐ Sticker aufkleben
- ☐ mit besonderen Stiften schreiben oder malen (Kugelschreiber, Wachsmalkreide, Textmarker, Fineliner …)
- ☐ ins Schwimmbad gehen
- ☐ etwas anpflanzen
- ☐ einen Kakao trinken
- ☐ Flugzeuge am Himmel beobachten
- ☐ jemandem ein Kompliment machen
- ☐ jemandem ein kleines Geschenk machen
- ☐ jemandem eine besondere Frisur machen
- ☐ etwas mit Knetgummi gestalten
- ☐ stempeln
- ☐ ein Rätsel lösen

Hast du noch andere Ideen? Schreibe auf die Rückseite!

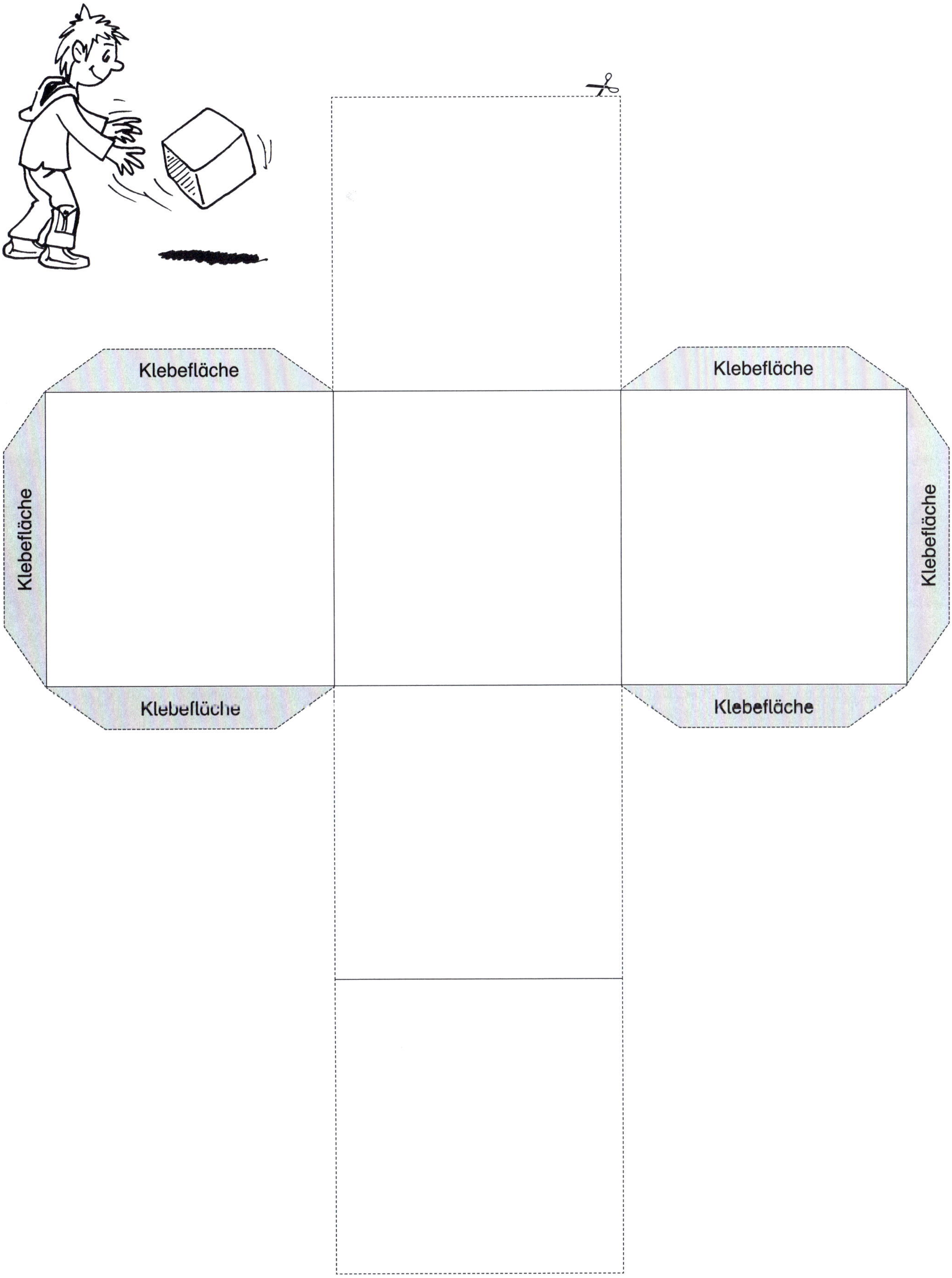

Klebefläche

Klebefläche

Klebefläche

Klebefläche

Klebefläche

Klebefläche

Die Geschichte vom grünen Fahrrad

Einmal wollte ein Mädchen sein Fahrrad anstreichen. Es hat grüne Farbe dazu genommen. Grün hat dem Mädchen gut gefallen. Aber der große Bruder hat gesagt: „So ein grasgrünes Fahrrad habe ich noch nie gesehen. Du musst es rot anstreichen, dann wird es schön." Rot hat dem Mädchen auch gut gefallen. Also hat es rote Farbe geholt und das Fahrrad rot gestrichen.

Aber ein anderes Mädchen hat gesagt: „Rote Fahrräder haben doch alle. Warum streichst du es nicht blau an?" Das Mädchen hat sich das überlegt und hat dann sein Fahrrad blau gestrichen.

Aber der Nachbarsjunge hat gesagt: „Blau? Das ist doch so dunkel. Gelb ist viel lustiger." Und das Mädchen hat auch gleich Gelb viel lustiger gefunden und gelbe Farbe geholt.

Aber eine Frau aus dem Haus hat gesagt: „Das ist ein scheußliches Gelb. Nimm himmelblaue Farbe, das finde ich schön." Und das Mädchen hat sein Fahrrad himmelblau gestrichen.

Aber da ist der große Bruder wiedergekommen. Er hat gerufen: „Du wolltest es doch rot anstreichen. Himmelblau, das ist eine blöde Farbe. Rot musst du nehmen, Rot." Da hat das Mädchen gelacht und wieder den grünen Farbtopf geholt und das Fahrrad grün angestrichen, grasgrün. Und es war ihm egal, was die anderen gesagt haben.

Ursula Wölfel

Ich schaff' das schon (Meikes Lied)

Als Meike knapp ein Jahr alt war,
da konnte sie längst stehn.
Sie übte unermüdlich, an der Wand
entlang zu gehn.
Drei Schritte hat sie leicht geschafft
und fast den vierten auch,
doch sie entschied sich lieber für
'ne Landung auf dem Bauch.
Sie sah sich um und hat gelacht
und hat vielleicht zum ersten Mal
gedacht:

„Ich schaff das schon, ich schaff das
schon,
ich schaff das ganz alleine.
Ich komm bestimmt, ich komm bestimmt
auch wieder auf die Beine.
Ich brauch dazu, ich brauch dazu
vielleicht 'ne Menge Kraft,
doch ich hab immerhin
schon ganz was anderes geschafft."

Als Meike in der Schule war, da ging's
ihr ziemlich gut.
Nur wenn sie im Sport am Barren
stand, verlor sie fast den Mut,
besonders, wenn die Klasse sah,
wie sie sich dabei quält.
Am liebsten wär sie abgehaun
und viel hat nicht gefehlt.
Doch sie stand da und hat gedacht
„Da muss ich durch, das wäre doch
gelacht!

Ich schaff das schon, ich schaff das
schon,
ich schaff das ganz alleine.
Ich komm bestimmt, ich komm bestimmt
auch wieder auf die Beine.
Ich brauch dazu, ich brauch dazu
vielleicht 'ne Menge Kraft,
doch ich hab immerhin
schon ganz was anderes geschafft."

Als Meike 17 Jahre war, war sie total
verliebt.
Sie glaubte, dass es nur noch rosa Wolken
für sie gibt.
Doch dann, von heut auf morgen, stürzte
ihre Traumwelt ein.
Sie war total am Boden, und sie fühlte
sich so klein.
Doch sie stand auf und hat gedacht:
„Ich bin wohl jetzt erst richtig
aufgewacht.

Ich schaff das schon, ich schaff das
schon,
ich schaff das ganz alleine.
Ich komm bestimmt, ich komm bestimmt
auch wieder auf die Beine.
Ich brauch dazu, ich brauch dazu
vielleicht 'ne Menge Kraft,
doch ich hab immerhin
schon ganz was anderes geschafft."

Die Zeit ging schnell vorüber, Meike hat
heut selbst ein Kind.
Die Wohnung ist nicht groß, in der die
zwei zu Hause sind,
und doch hat jeder Winkel hier sein
eigenes Gesicht.
So kuschelig und friedlich haben's viele
Kinder nicht.
Und Meike denkt in mancher Nacht
an das, was sie als Kind so oft gedacht
Na, na, na, na …
„Denn ich hab immerhin schon ganz was
anderes geschafft!"

Rolf Zuckowski

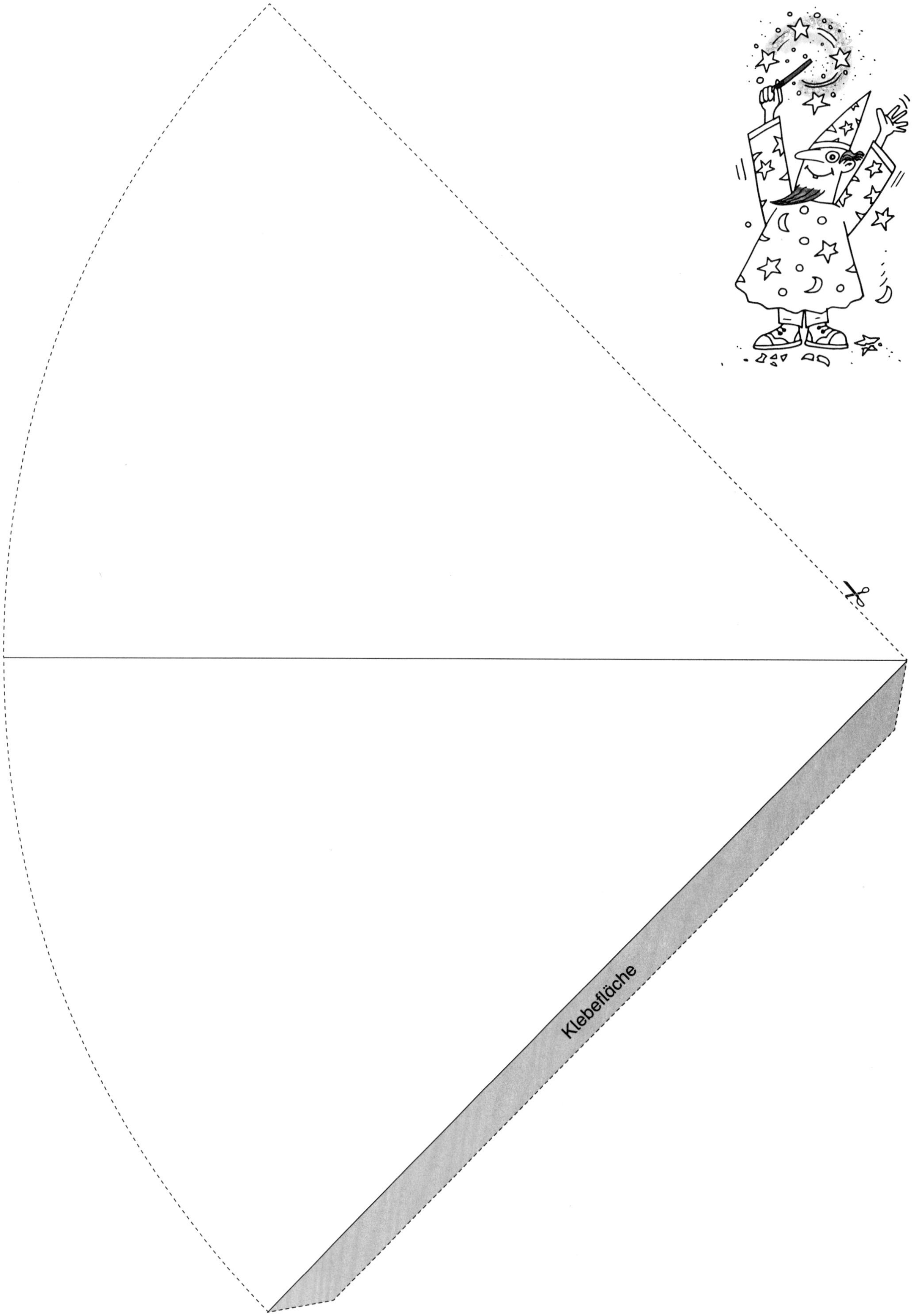

Klebefläche

Mein Positivsteckbrief

Name: ______________________

Adresse: ______________________

____

Alter: ____________ Größe: ____________

Haarfarbe: ____________ Augenfarbe: ____________

Geschwister: ______________________

____

Meine beste Eigenschaft: ______________________

Besondere Fähigkeiten: ______________________

____

Hervorragende Leistungen: ______________________

____

____

Das finde ich an mir besonders hübsch: ______________________

____

____

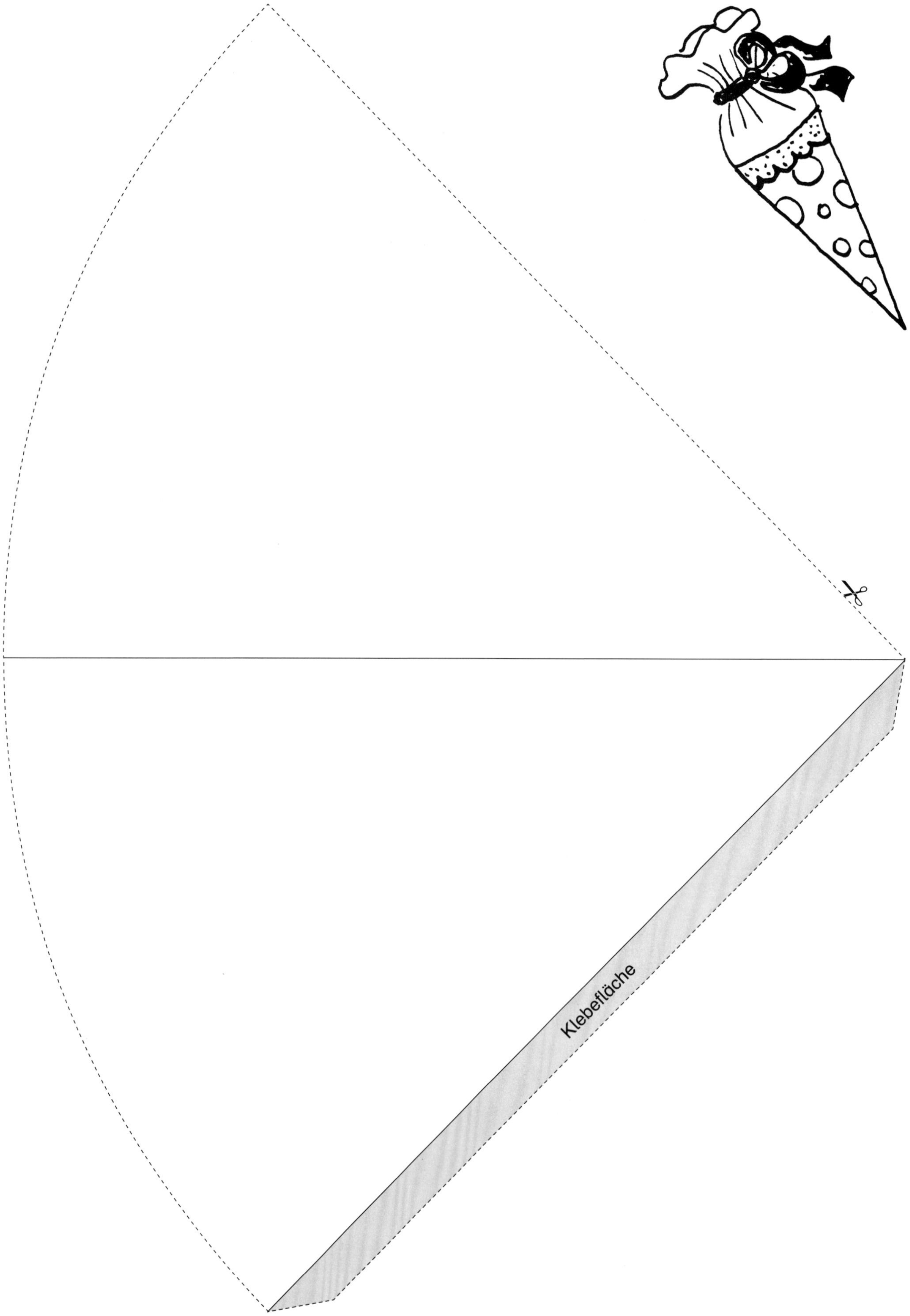

Klebefläche

									Malen
									Computer spielen
									Fernsehen
									Sport treiben
									Lesen
									mit Freunden spielen
									Instrument spielen

KV 4.11 Mein Säulendiagramm: Das mache ich in meiner Freizeit

Die Geschichte von dem Elefanten Elo, der sich nicht mehr rot ärgern wollte

Kennt ihr eigentlich die Geschichte von dem Elefanten Elo? Elo lebte in Afrika, wo viele Elefanten leben. Elo hatte einen langen Rüssel und zwei kurze Zähne, denn Elo war erst acht Jahre alt. Eigentlich sah er genau so grau und groß aus wie alle anderen Elefanten in seiner Familie. Doch etwas war anders: Wenn Elo sich ärgerte, wurde er plötzlich am ganzen Körper rot wie eine Tomate, und weil er sich dann noch mehr ärgerte, fing er sogar noch an zu leuchten.

Das passierte ihm zum ersten Mal, als sich eine kleine Maus über ihn lustig machte. Die rief: „Hallo Elo, Helo, Belo, Celo hahaha!" Da wurde Elo so wütend, dass er plötzlich ganz rot wurde, so wie eine Tomate. Am Abend, als Elo über die freche Maus nachdachte, fing er sogar an, wie eine rote Ampel zu leuchten, und alle Elefanten staunten. Am nächsten Tag wusste es der ganze Urwald: Wenn man Elo ärgert, wird er rot wie eine Tomate und fängt sogar an zu leuchten.

Als Elo bei den Affen vorbeilief, riefen alle: „Elo, Belo, Celo!", und Elo wurde wieder rot. Wütend rannte er weiter zu den Löwen. Die riefen: „Seht nur, da kommt Elo – der rote Elefant!" Und Elo wurde noch roter. „Oh", riefen die Vögel, „schaut nur, er sieht aus wie ein leckerer, leuchtender Apfel. Hmmmmmmm!!!" Schnell rannte Elo in eine dunkle Höhle, damit ihn niemand mehr sehen konnte. Als Elo eintrat, erleuchtete sogar die Höhle in einem flammenden Rot. Dennoch schlief er schnell ein, weil Sichärgern sehr müde macht.

Am nächsten Morgen war er wieder grau. Als er aus der Höhle kam, traf er seine kleine Schwester Lilo. Sie hatte die ganze Nacht nach Elo gesucht. Lilo rief: „Elo, da bist du ja. Ich habe die ganze Nacht nach dir gesucht." Da erzählte Elo ihr, was ihm alles passiert war: von der Maus, von den Affen, den Löwen und den Vögeln und dass er so rot leuchtet, wenn er sich ärgert. Dabei wurde Elo ganz traurig. Da sprach seine Schwester Lilo: „Oh weh Elo, das ist doch alles gar nicht schlimm. Du bist doch ein großer Elefant und da ärgerst du dich über eine kleine Maus? Oder über die frechen Affen, die sich immer über andere lustig machen? Über die Vögel und die Löwen? Armer Elo, wenn wir großen Elefanten uns ständig über jedes andere Tier ärgern würden, dann würden wir alle so leuchten wie du. Aber rate mal, warum wir Elefanten so eine dicke Haut haben?" Elo überlegte und meinte: „Ich weiß es nicht." Lilo flüsterte: „Wir haben so eine dicke Haut, damit wir uns über nichts, über gar nichts zu ärgern brauchen. Und wenn dich beim nächsten Mal jemand ärgert, stell dir doch einfach vor, dass durch deine dicke Haut gar nichts hindurchgeht. Und das klappt." „Das klappt?", fragte Elo unsicher. „Das klappt ganz bestimmt", erwiderte Lilo mit fester Stimme.

Als die beiden Elefanten so liefen, kamen sie bei den Vögeln vorbei. Die schrien: „Hallo Elo, Belo, Celo, leuchte doch mal!“ Und schon wollte sich Elo wieder richtig ärgern. Sein Rüssel und seine Ohren begannen schon, rosa anzulaufen. Da erinnerte er sich an den Tipp seiner Schwester Lilo und sagte zu sich selbst: Pah, ich habe die dickste Haut auf der ganzen Welt, ihr Vögel könnt mich gar nicht ärgern. Und was meint ihr, was geschah …?

Elo wurde ganz schnell wieder so grau wie vorher. Alle Vögel schnatterten: „Habt ihr das gesehen? Elo leuchtet nicht mehr. Er lässt sich nicht mehr ärgern.“ Dann kamen sie bei den Löwen vorbei. Auch die wollten sich einen Spaß machen und riefen: „He, Elo leuchte doch mal für uns, es ist so dunkel, hahahaha.“ Oh, ein wenig musste sich Elo schon über die Löwen ärgern, doch diesmal wurde nur noch die Spitze seines Rüssels rosa. Wieder sprach Elo zu sich selbst: Ha, ihr kleinen Löwen, ich habe die dickste Haut auf der Welt, ihr könnt mich gar nicht ärgern. Da wurde der Rüssel sogleich wieder grau. Als sie bei den Affen vorbeikamen, schaute Lilo ihren Bruder prüfend an. Würde er es schaffen, sich von den Affen nicht ärgern zu lassen? Was meint ihr?

Schon schrien die Affen im Chor: „Elo ist rot, Elo ist rot, leuchtet wie ein Butterbrot.“ Da lachte Elo und antwortete: „He, ihr Affen, ich glaube, ihr könnt nicht richtig sehen. Wo bitte schön bin ich rot? Und seit wann können denn Butterbrote leuchten?“ Da waren die Affen zum ersten Mal in ihrem Leben sprachlos. Dann wunderten sie sich nur noch: Was ist denn mit Elo los, den kann man ja gar nicht mehr ärgern, komisch. Schließlich kamen sie am Haus der kleinen Maus vorbei. Die rief: „Hallo Elo, Belo, Celo, Delo.“ Da lachte Elo und antwortete: „Hallo Maus!“, und marschierte fröhlich weiter.

Am Abend sprach Lilo zu ihrem großen Bruder: „Weißt du was, Elo?“ „Nein“, antwortete Elo. „Ich bin ganz schön stolz auf dich, Bruder. Du bist heute nämlich ein richtig großer Elefant geworden.“

Und wisst ihr, was da geschah? Diesmal begannen Elos Ohren ganz bunt zu leuchten, aber nicht vor Ärger, sondern weil er sich sehr freute.

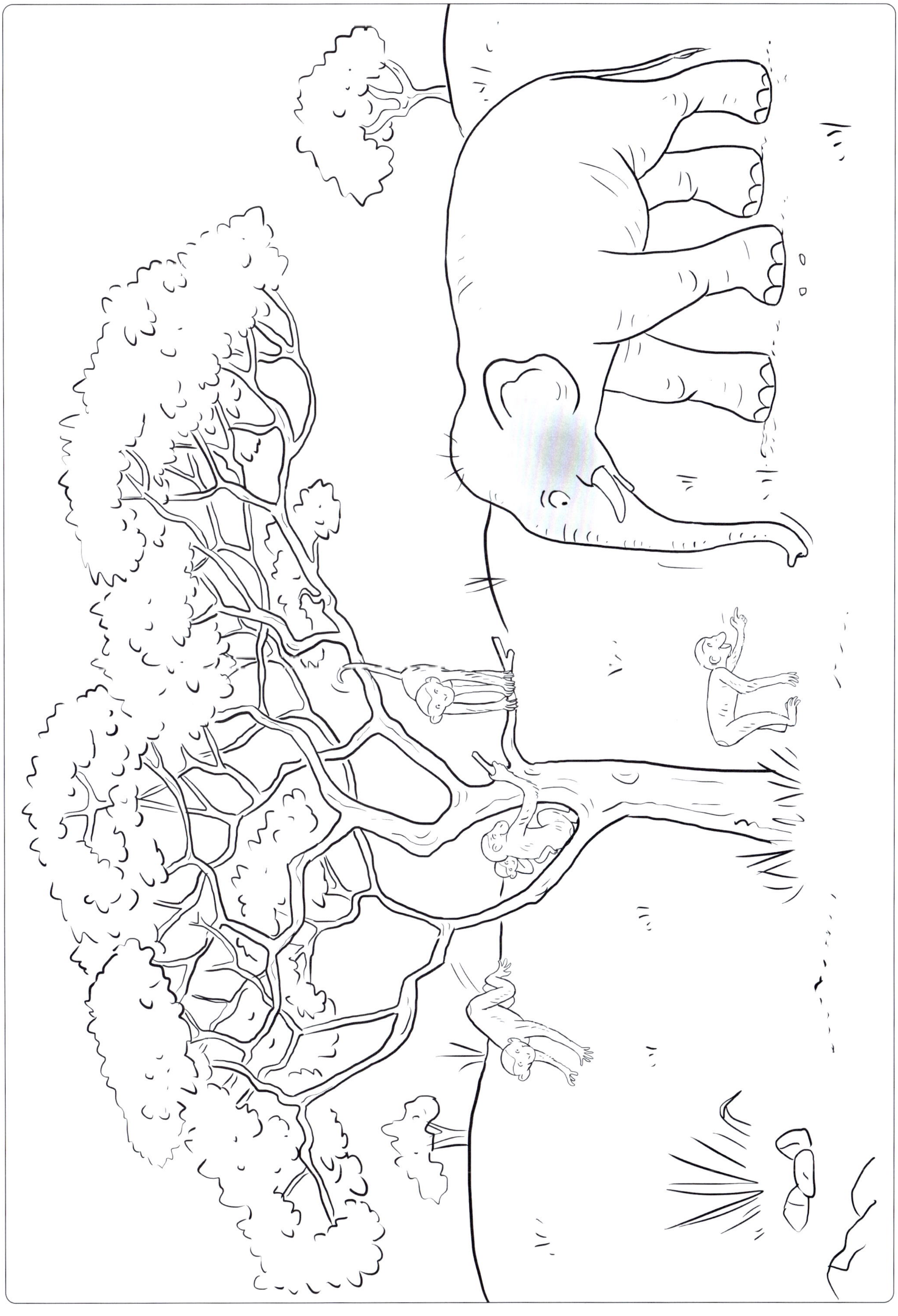

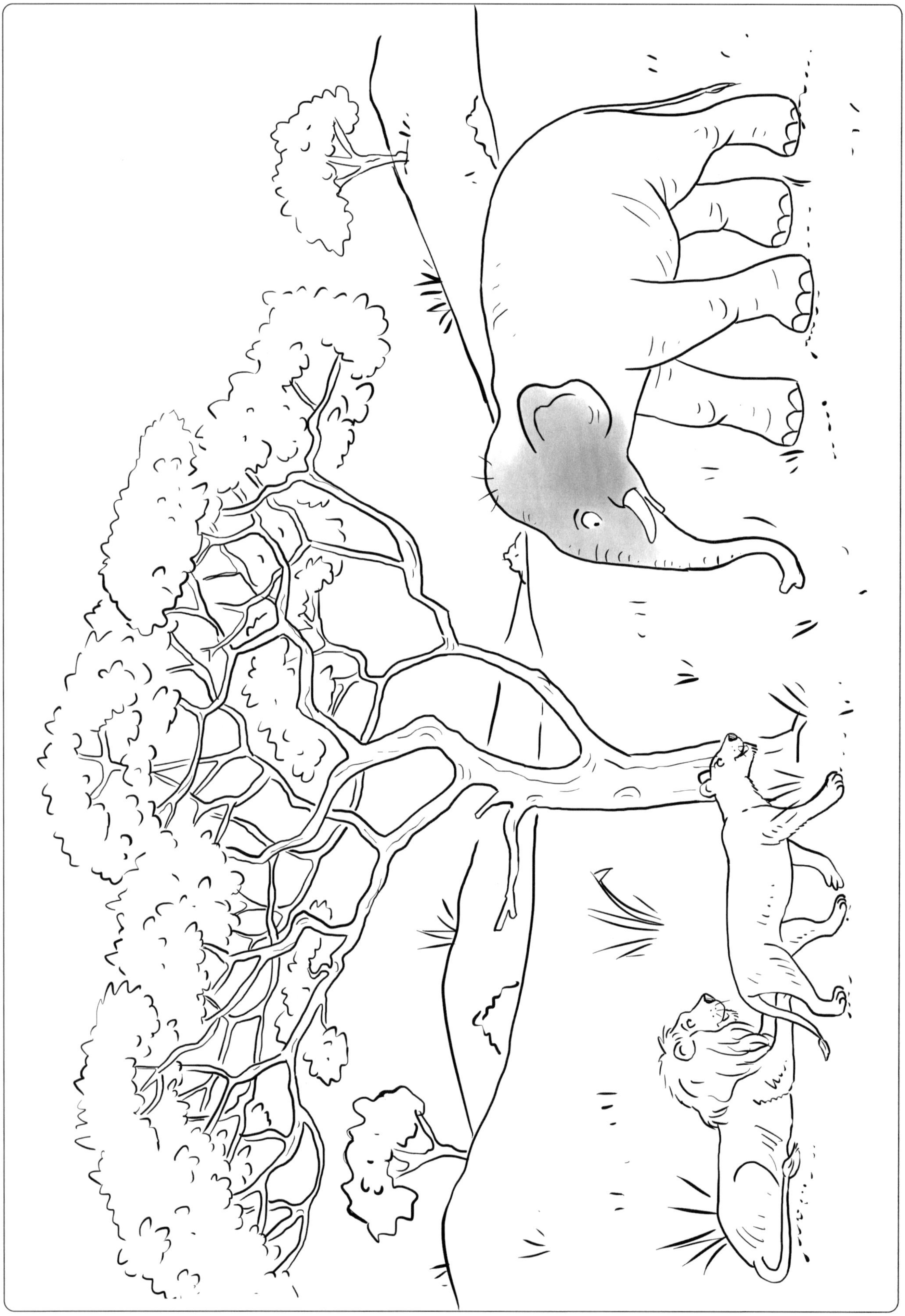

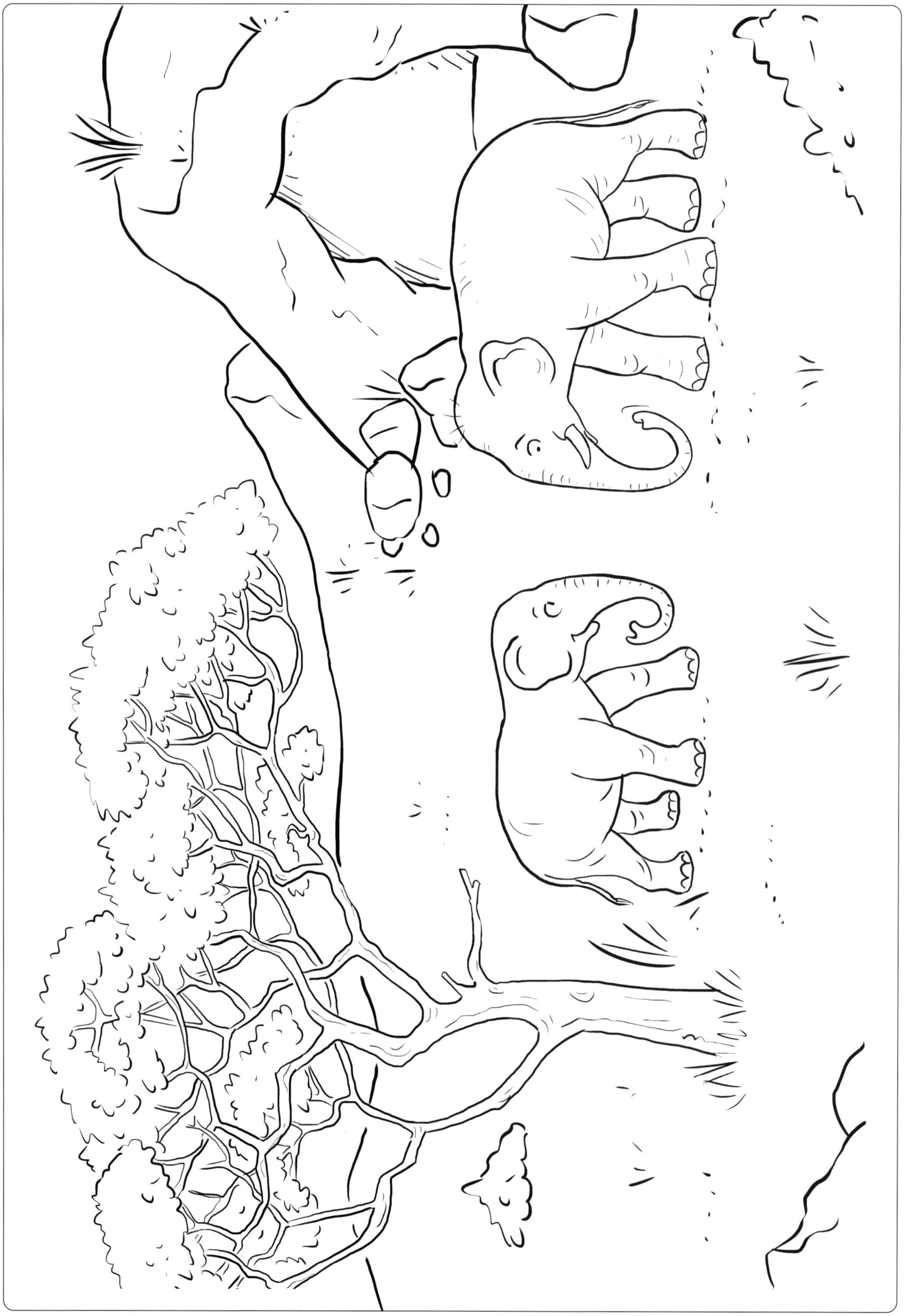

KV 4.12 (7) Kamishibai: Der Elefant Elo

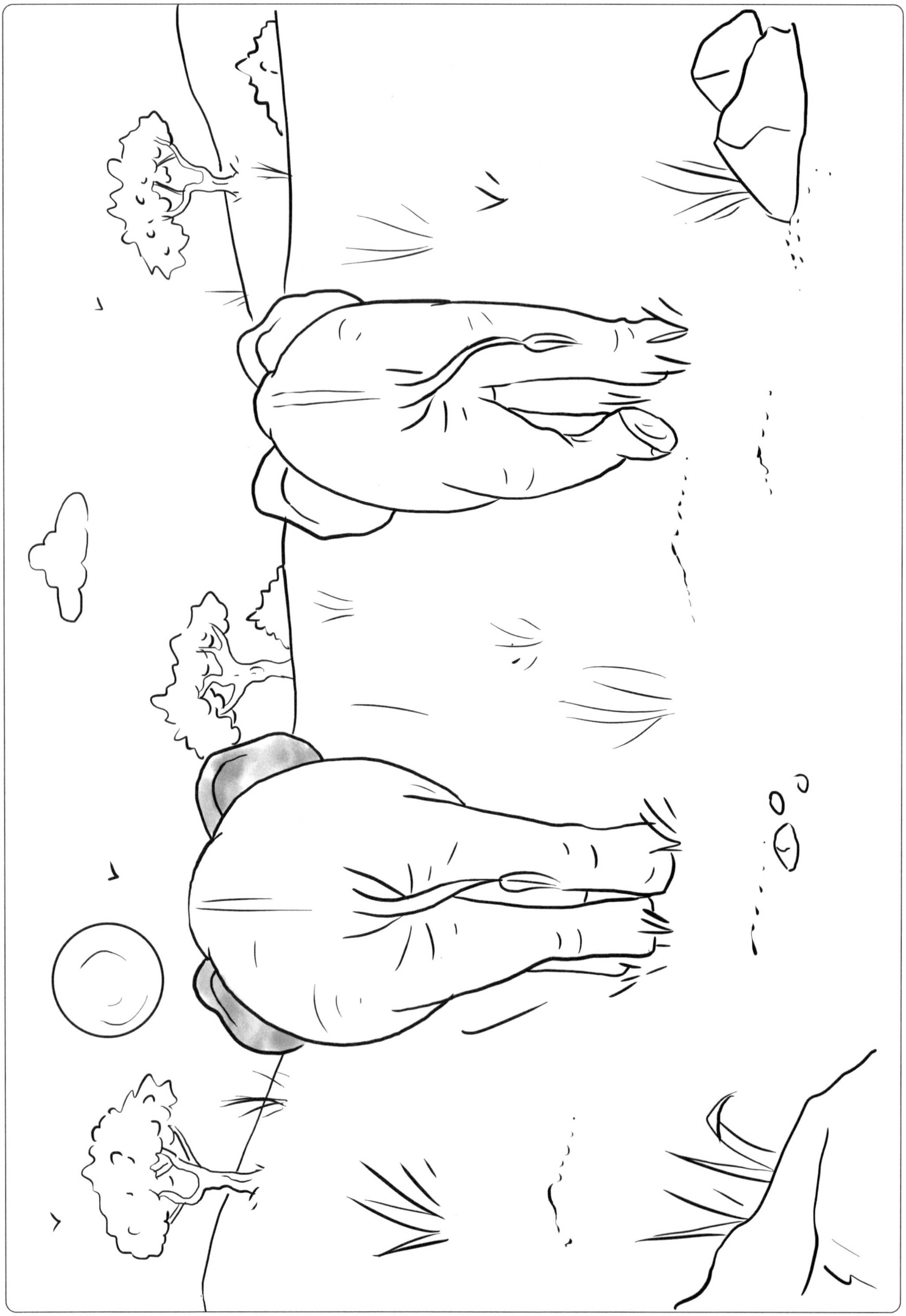

5 Du: Unterrichtsideen für Partnerarbeit und Kleingruppen

Die folgenden Übungen sollen die Partnerbeziehungen und die Dynamik in Kleingruppen positiv beeinflussen. Dabei werden bei einigen Unterrichtsideen neben Gemeinsamkeiten auch Unterschiede herausgestellt – die Vielfalt soll bewusst wahrgenommen und als Teil des Seins angenommen werden.

Darüber hinaus wird bei vielen Übungen dieses Kapitels die Ich-Stärke gefördert, da das Selbstbild auch durch das Urteil anderer zustande kommt (siehe 1.1).

Warme Dusche (1)

Fach:	**Deutsch**
Zeit:	5 Minuten
Materialien:	KV 5.1 (1) (Seite 68)
Vorbereitung:	evtl. Material laminieren und aufhängen

Durchführung:

Ein Schüler darf sich unter die warme Dusche stellen und anschließend eine gewisse Anzahl von Mitschülern aufrufen, die ihm ein paar nette Worte sagen. Hierbei dienen die Wassertropfen-Satzanfänge von der Kopiervorlage als Unterstützung. Wie der Titel „Warme Dusche" schon vermuten lässt, soll sich der Schüler hierbei wohlfühlen und anschließend gestärkt aus der Dusche kommen.

Zusatzinformationen:

Sollte die warme Dusche öfter durchgeführt werden, lohnt es sich, das Material zu laminieren und im Klassenzimmer als „Dusche" aufzuhängen, unter die sich die Schüler stellen können.

Eine weitere Möglichkeit wäre, das Material mit Klebemagneten auszustatten und als Tafelmaterial zu nutzen.

Warme Dusche (2)

Fach:	**Deutsch**
Zeit:	10 Minuten
Materialien:	KV 5.1 (2) (Seite 69), Karteikarten in Klassenstärke
Vorbereitung:	Karteikarten evtl. laminieren

Durchführung:

Jeder Schüler erhält eine Karteikarte zur warmen Dusche und befolgt dann selbstständig die angegebenen Anweisungen. Hierbei kann variiert werden, ob sich der Schüler nur einen oder mehrere Klassenkameraden aussuchen soll.

Liebes Lästern

Fach:	**Deutsch**
Zeit:	10 Minuten
Materialien:	keine
Vorbereitung:	Komplimente im Vorfeld sammeln

Durchführung:

Die Schüler stellen oder setzen sich in Dreiergruppen zusammen. Die Sitzposition sollte so gewählt sein, dass die Schüler keinen Blickkontakt innerhalb ihres Teams haben. Nun beginnen zwei Schüler, über den dritten „lieb zu lästern", d. h. sie führen ein positives und ressourcenorientiertes Gespräch über diesen. Der Dritte darf gespannt zuhören und sich an den Komplimenten erfreuen.

Nach ca. 2–3 Minuten wird über einen anderen Schüler in der Gruppe „lieb gelästert".

Mögliche Formulierungen:

„Lisa ist wirklich sehr gut in Mathe. Ich finde es so toll, dass sie den anderen Kindern immer alles so gut erklärt und so hilfsbereit ist."

Zusatzinformationen:

Zur Erleichterung könnte vorher ein Wortspeicher zum Thema „Komplimente" angelegt werden, sodass die Schüler beim „Lästern" ein differenziertes und abwechslungsreiches Gespräch führen können.

Schreibkarussell: Komplimentebrief

Fach:	**Deutsch**
Zeit:	30 Minuten
Materialien:	KV 5.2 (Seite 70) in DIN A3 ausdrucken
Vorbereitung:	gemeinsam Beispiele/Satzanfänge für Kategorien sammeln

Durchführung:

Jeweils vier Kinder arbeiten zusammen an einem Komplimentebrief für ein Kind. Idealerweise erfolgt die Zuordnung freiwillig. Die vier Verfasser setzen sich zusammen an einen Tisch und erhalten die Kopiervorlage. Jedes Kind der Gruppe schreibt in das Feld, das gerade vor ihm liegt, ein Kompliment zu einer von der Lehrkraft vorher eingetragenen Kategorie. Nach einem Signal wird das Blatt im Uhrzeigersinn gedreht, so dass nun vor jedem Kind ein anderer Überbegriff erscheint. Auch zu diesem ergänzt es ein Kompliment. Insgesamt wird der Komplimentebrief dreimal gedreht, damit am Ende jeder Schüler der Gruppe zu den vier Themenfeldern etwas Nettes geschrieben hat.

Kategorien könnten sein: Schule und Lernen, Freizeit, Aussehen, Sonstiges etc.

Bei „Schule und Lernen" soll überlegt werden, was das entsprechende Kind hier besonders gut kann oder bei welchen Bereichen es sich besonders viel Mühe gibt.

Besondere Stärken, die sich in der Freizeit offenbaren (Sportarten, Instrumente, Umgang beim freien Spiel mit anderen), werden unter den Punkt „Freizeit" geschrieben.

Komplimente zum Aussehen können sich auf Augen, Haare etc. beziehen. Hier können auch Sätze wie „Mir gefällt dein buntes T-Shirt besonders gut" notiert werden, allerdings sollte darauf geachtet werden, dass es nicht um die Fokussierung auf Markenartikel geht.

Unter „Sonstiges“ kann alles geschrieben werden, was an dem jeweiligen Kind sonst noch lobenswert, beeindruckend oder besonders ist.

Es empfiehlt sich, im Vorfeld ein Beispiel gemeinsam zu erstellen, um den Kindern die Methode des Schreibkarussells zu verdeutlichen.

Während der Erstellung der Briefe greift die Lehrkraft unterstützend ein, falls Kinder Schwierigkeiten haben, Komplimente zu finden. Dies wird aber weitestgehend dadurch verhindert, dass die Kinder sich selbst zuordnen können und so über jemanden schreiben, den sie mögen.

Die Komplimentebriefe können in einer zweiten Phase überarbeitet werden (rechtschriftlich etc.) und auf ein Schmuckblatt (Vorlage auf Farbpapier) übertragen werden.

Nach Fertigstellung erhält das Kind seinen Komplimentebrief und kann ihn, wenn es möchte, vorstellen.

Da nicht alle Kinder in einer Schreibphase einen Brief erhalten, sollte der Vorgang wiederholt werden, bis alle Kinder der Klasse an der Reihe waren.

Zusatzinformationen:

Soll eine Überarbeitung und damit eine Übertragung auf ein Schmuckblatt stattfinden, kopieren Sie die Schreibkarussellvorlage noch auf farbiges Papier.

Was ich an dir mag

Fach:	**Deutsch**
Zeit:	30 Minuten
Materialien:	Papier (DIN A4)
Vorbereitung:	keine

Durchführung:

Jedes Kind sucht sich einen Partner. Die beiden schreiben jeweils gegenseitig auf ein Blatt Papier, was sie am anderen gerne mögen, weshalb sie gerne mit ihm befreundet sind. Es ist sinnvoll, dass hierzu gemeinsam Beispiele erarbeitet werden (weil du mir hilfst, weil du mit mir spielst, weil du mich besucht hast, als ich krank war, weil du dein Pausenbrot/dein Spielzeug mit mir teilst, weil du nett zu mir bist, weil du mich mit unter deinen Regenschirm genommen hast, als es geregnet hat, weil du mit mir zum Hort läufst, so dass ich keine Angst habe, weil du mir dein Radiergummi geliehen hast).

Ist ein Kind mit seinen Aufzeichnungen fertig, hat es die Aufgabe, das Blatt möglichst schön zu verzieren. Schließlich schenken sich die Partner gegenseitig die gestalteten Seiten.

Wenn jeweils beide einverstanden sind, können die Ergebnisse präsentiert werden.

Was wir an dir mögen

Fach:	**Deutsch**
Zeit:	20 Minuten
Materialien:	Papier (DIN A4)
Vorbereitung:	keine

Durchführung:

Jedes Kind malt auf ein weißes Blatt Papier zwei überlappende Herzen. Wichtig ist, dass die Lehrkraft darauf hinweist, dass das Blatt quer genommen werden muss und die Herzen möglichst groß

gezeichnet werden sollten. Zeichnen Sie ein Beispiel vor! Selbstverständlich sollte an den Vermerk des Namens gedacht werden.

Im Anschluss finden sich immer drei Kinder zusammen. Die Gruppenmitglieder sollten einander selbst wählen dürfen und nicht von der Lehrkraft bestimmt werden. Nun gibt jeder Schüler sein Blatt an einen seiner Teamkollegen weiter. Jeder Schüler schreibt nun in ein Herz, was er an dem anderen besonders gerne mag. Danach wird das Blatt an das nächste Gruppenmitglied weitergegeben.

Nach dieser Phase erhält jeder sein eigenes Papier zurück und liest, was die anderen notiert haben. Die Nennungen, die ihm besonders gut gefallen, schreibt er in die Mitte, also die Überlappung.

Wer möchte, darf präsentieren.

Zusatzinformationen:

Erfahrungsgemäß können die Kinder – auch Erstklässler – die überlappenden Herzen selbst zeichnen.

Ganz wichtig: Machen Sie im Vorfeld klar, dass die Überlappung der Herzen hinterher von jedem Schüler selbst ausgefüllt wird, also zunächst frei bleiben soll. Hilfreich ist es, wenn dieser Bereich von den Jungen und Mädchen leicht schraffiert wird.

Ein Elfchen über dich

Fach:	**Deutsch**
Zeit:	45 Minuten
Materialien:	Papier (DIN A4)
Vorbereitung:	Form eines Elfchens besprechen

Durchführung:

Im Vorfeld sollte mit den Schülern das Elfchen erarbeitet werden. Ein Elfchen ist ein kurzes Gedicht, welches aus elf Wörtern besteht. Außerdem hat es eine ganz bestimmte Form:

______

______ ______

______ ______ ______

______ ______ ______ ______

______

Jedes Kind sucht sich einen Partner. Die beiden schreiben jeweils ein Elfchen über den anderen. Hierbei sollten die elf Wörter den Partner widerspiegeln. Der jeweilige Schüler könnte beispielsweise schreiben, was er am anderen gerne mag, weshalb er mit ihm befreundet ist, was er an ihm bewundert, was der andere gut kann etc.

Ist ein Kind mit seinen Aufzeichnungen fertig, hat es die Aufgabe, das Blatt möglichst schön zu verzieren. Schließlich wird das Elfchen dem Partner geschenkt. Denkbar ist auch, diese im Klassenzimmer auszustellen.

Zusatzinformationen:

Oft haben Elfchen eine ganz bestimmte Struktur (was in welcher Zeile Inhalt sein sollte etc.). Bei dieser Übung sind derartige Vorgaben jedoch irrelevant.

Diese Wörter passen zu dir

Fach:	**Deutsch**
Zeit:	30 Minuten
Materialien:	KV 5.3 (Seite 71)
Vorbereitung:	besprechen, was die einzelnen Wörter bzw. Formulierungen bedeuten

Durchführung:

Die Kinder suchen sich jeweils einen Partner, mit welchem sie folgende Übung durchführen möchten: Jeder Schüler erhält ein Arbeitsblatt, auf dem positive Eigenschaften zu lesen sind. Alles, was auf den Partner zutrifft, wird eingekreist. Zusätzlich können weitere Charakterzüge, die das Kind ausmachen, notiert werden. Ist dies erfolgt, tauschen die Kinder die Blätter aus, sodass jeder sehen kann, welche Eigenschaften ihm zugeordnet wurden. Hierbei tauschen sich die Kinder über die jeweilige Auswahl aus.

Sind Begriffe nicht eingekreist, die dem Betreffenden jedoch wichtig sind, kann er sich als Ziel setzen, daran zu arbeiten. Denkbar ist, dass diese Items gelb markiert werden und in drei bis vier Wochen darüber gesprochen wird, ob eine Realisierung des Ziels erreicht wurde.

Zusatzinformationen:

Die Begriffe sind so ausgewählt, dass es veränderbare bzw. beeinflussbare Parameter sind. Auf Items wie „hübsch" wurde bewusst verzichtet, da es verletzend ist, wenn dieses Wort vom Partner nicht eingekreist wird: Diese Eigenschaft kann das Kind nicht beeinflussen. Charakterzüge wie „ordentlich" sind jedoch veränderbar, ist dieser Begriff nicht eingekreist, kann das Kind daran arbeiten.

Unterschiede und Gemeinsamkeiten – Placemat

Fach:	**Deutsch, Religion**
Zeit:	36 Minuten
Materialien:	KV 5.4 (Seite 72)
Vorbereitung:	Vorgehen bei „Placemat" besprechen

Durchführung:

Die Schüler finden sich jeweils zu Vierergruppen zusammen. Jedes Team erhält eine Vorlage. Die Kinder setzen sich so um diese, dass jeder ein Feld beschriften kann. Jeder notiert in seinen Bereich, was er gerne mag (Essen, Trinken, Farbe, Tiere …), tut, was er gut kann, welche Hobbys er hat etc.
Im Anschluss daran stellt jeder sein Geschriebenes innerhalb seiner Gruppe vor. Gefundene Gemeinsamkeiten, also all das, was auch die anderen genannt haben, wird in der Mitte vermerkt. Sollte eine Gruppe keine Übereinstimmung haben (was unwahrscheinlich ist, wenn sich die Gruppen selbst zusammenfinden), so müssen weitere Kategorien „abgeklappert" werden (s. o.).

Die Ergebnisse werden kurz dem Plenum präsentiert.

Die Jungen und Mädchen sollen realisieren, dass es Gemeinsamkeiten in ihrer jeweiligen Gruppe gibt, aber eben auch Unterschiede. Im Religionsunterricht kann damit ein Bezug zur konfessionellen, religiösen und weltanschaulichen Vielfalt hergestellt werden.

Zusatzinformationen:

Weiterhin könnten die Schüler in ihre Felder notieren, welche Bücher/Zeitschriften sie gerne lesen, welche Spiele sie mögen, welche Fernsehsendung sie ansehen, welche Hörspiele sie hören etc.

Um den Schwierigkeitsgrad zu erhöhen, kann man versuchen, eine Sache zu finden, die die ganze Klasse gemeinsam hat.

Wasserblumen erblühen

Fach:	**Sachunterricht**
Zeit:	35–45 Minuten
Materialien:	KV 5.5 (Seite 73)
Vorbereitung:	einige Schüsseln mit Wasser füllen

Durchführung:

Jeder Schüler erhält eine Blumenvorlage. Diese schneidet er aus und schreibt in die Mitte der Blume den Namen seines Nachbarn. Auf jedes Blütenblatt schreibt er etwas, das diesen auszeichnet, etwas, das er gerne an ihm mag etc. Dann faltet er die Blütenblätter nach innen, sodass man die Wörter nicht mehr sieht. Nachdem der Nachbar seine Blume erhalten hat, legt er sie in die Schüssel voll Wasser: Die einzelnen Blütenblätter gehen nach oben, sodass man das Geschriebene lesen kann. Die Werke sollten getrocknet und anschließend mit nach Hause genommen werden.

Zusatzinformationen:

Um das Wasser nicht zu verschwenden, sollte damit der Schulgarten o. Ä. gegossen werden.

Auf die Blütenblätter können voneinander unabhängige Wörter oder auch ein Satz (zusammengesetzt aus den Wörtern der einzelnen Blütenblätter) geschrieben werden.

Ich schenke dir ein Foto: Arbeit mit der Digitalkamera

Fach:	**Kunst, Sachunterricht**
Zeit:	60 Minuten
Materialien:	Digitalkameras, Fotopapier
Vorbereitung:	überprüfen, ob die Digitalkameras funktionstüchtig sind (Batterie voll?, Speicherplatz frei?), Einführung: Umgang mit einer Digitalkamera

Durchführung:

Die Schüler finden jeweils zu zweit zusammen. Sie erhalten den Auftrag, etwas zu fotografieren, das besonders schön oder bedeutungsvoll ist. Es ist sinnvoll, hierzu einen Ort der Schulumgebung zu wählen, an dem genügend ansprechende Motive zu finden sind (Wiese, Park etc.). Oft eignet sich aber auch schon der Pausenhof als „Set“. Das Geknipste soll als Fotogeschenk für den Partner dienen. Haben alle Kinder ihr Motiv im Kasten, werden die Bilder ausgedruckt. Auf die Rückseite kann mit Folienstift noch ein kleiner Text geschrieben werden, bevor das Geschenk überreicht wird.

Im Plenum können die Kinder erklären, wieso sie sich für dieses Motiv entschieden haben.

Zusatzinformationen:

Die Unterrichtsidee eignet sich gut für den Schuljahresanfang: Die Kinder können ihr geschenktes Foto in das Federmäppchen oder in eine Mappe stecken (je nach Bildgröße). Während des Schuljahres sollen sie es betrachten, wenn sie einen positiven Impuls, etwas Aufmunterndes benötigen.

Rätsel: Einer raus!

Fach:	**Deutsch**
Zeit:	35 Minuten
Materialien:	Block oder Blatt Papier
Vorbereitung:	keine

Durchführung:

Die Schüler arbeiten in Partner- oder Gruppenarbeit zusammen. Ein ausgewähltes Kind notiert drei persönliche Lieblingssachen, Eigenschaften etc. Anschließend raten der Partner/die anderen Gruppenmitglieder, welches der Wörter nicht zum Spielpartner passt.

Beispiel:

Pippi Langstrumpf notiert: große Schuhe, blond, Zöpfe

Die anderen Gruppenmitglieder erkennen, dass Pippi Langstrumpf nicht blond ist.

Sprechende Bilder

Fach:	**Deutsch, Kunst, Englisch**
Zeit:	45 Minuten
Materialien:	KV 5.6 (1–4) (Seite 74–77)
Vorbereitung:	Bilder evtl. laminieren

Durchführung:

Im Klassenzimmer werden Bilder ausgelegt. Es werden kleine Gruppen gebildet, die gemeinsam die Bilder betrachten und sich auf eines einigen. Das Verständigen auf eine Darstellung muss unmerklich für die anderen geschehen. Danach sucht sich die Gruppe einen Platz im Raum (oder evtl. auch im Flur) und überlegt und bespricht, was die abgebildeten Personen, Tiere oder Gegenstände sagen könnten. Wahlweise können die Kinder auch eine Geschichte erfinden (Wie kam der Gegenstand/die Person/das Tier an diesen Ort? Was hat er/sie/es erlebt? Was wird er/sie/es gleich erleben?).
Die Darstellungen können auch im Rahmen des Englischunterrichts als Gesprächsanlass dienen: Die Jungen und Mädchen überlegen sich die kleinen Geschichten nicht auf Deutsch, sondern auf Englisch.

Nach und nach wird das Ausgedachte präsentiert, wobei die anderen Schüler erraten sollen, um welches Bild es sich handelt.

Damit die Konzentrationsfähigkeit der Kinder nicht überstrapaziert wird, können die Erzählungen auch über den Schulvormittag verteilt werden, z. B. könnte man sich zu Beginn jeder folgenden Schulstunde weitere Geschichten anhören.

Zusatzinformationen:

Besprechen Sie mit den Kindern, wie man sich stumm auf etwas verständigen kann (durch Blickkontakt, durch kurzes Drücken der Hand etc.).

Das schaffen wir nur gemeinsam: Drei Kinder, vier Beine

Fach:	**Sport**
Zeit:	10 Minuten
Materialien:	keine
Vorbereitung:	kurze Aufwärmphase

Durchführung:

Die Kinder bewegen sich (zu Musik) frei in der Turnhalle. Auf ein Signal gibt die Lehrkraft Anweisungen, z. B. „drei Kinder, vier Beine": Es müssen sich dann möglichst schnell drei Kinder zusammenfinden und so formieren, dass nur vier Beine Bodenkontakt haben. Wie die Kinder diese Aufgabe lösen, bleibt ihnen überlassen. Wichtig ist, dass die Lehrkraft darauf hinweist, dass riskante Hebungen etc. unterlassen werden sollen.

Weitere Anweisungen könnten sein: „zwei Kinder, drei Beine, zwei Hände" (zwei Kinder: drei Beine und zwei Hände haben Bodenkontakt) oder „drei Kinder, drei Beine, drei Hände" (drei Kinder: drei Beine und drei Hände haben Bodenkontakt).

Um den Schwierigkeitsgrad zu erhöhen, kann man die Gruppe, die die Aufgabe nicht oder am langsamsten gelöst hat, ausscheiden lassen. Denkbar ist, dass sie nach Erfüllung einer Bewegungsaufgabe (z. B. „zehn Hampelmänner machen") wieder mitmachen darf.

Lösbar sind die gestellten Aufgaben nur, wenn man zügig eine Gruppe bildet – mit Kindern, die eben gerade in der Nähe und möglicherweise nicht die besten Freunde sind – und zusammenarbeitet.

Zusatzinformationen:

Es kann sinnvoll sein, erst die Körperteile und dann die Anzahl der Kinder zu nennen („vier Beine, drei Kinder"). So kann vermieden werden, dass die Kinder mit der Suche nach Partnern beginnen, bevor man die Anweisung vollständig gegeben hat.

Spiele mit verbundenen Augen

Fach:	**Sport**
Zeit:	je 10 Minuten
Materialien:	Tücher zum Verbinden der Augen oder Schlafmasken, Gegenstände als Hindernisse oder zum Ertasten
Vorbereitung:	Gegenstände aufbauen, evtl. durch Matten absichern, kurze Aufwärmphase

Durchführung:

Blindenhund:

Die Kinder suchen sich jeweils einen Partner: Einem Schüler werden die Augen verbunden, der andere führt ihn wie ein „Blindenhund" durch die Halle. Hierbei sollen kleine Hindernisse überwunden werden (über einen Kasten laufen, auf der Langbank balancieren, um Hütchen laufen etc.). Denkbar ist auch, dass Gegenstände ertastet werden müssen (Tennisbälle, Seile etc.). Nach ein paar Minuten wechseln die Partner.

Schiffe im Nebel:
Auch dieses Spiel ist eine Partnerübung: Ein Kind ist das Schiff, das andere der Hafen. Dem Kind, das das Schiff spielt, werden die Augen verbunden. Das Schiff soll gewissermaßen durch den Nebel der Halle zum Hafen navigiert werden. Dies geschieht durch Zurufe, bei welchen Laufanweisungen

gegeben werden. Ist der Hafen erreicht, wechseln die Partner. Ratsam ist, dass dieses Spiel nicht von allen Teams gleichzeitig gespielt wird; zusätzlich sollte zunächst ohne Hindernisse gearbeitet werden.

Zusatzinformationen:

Blindenhund:
Das Kind mit verbundenen Augen wird an der Hand durch die Halle geführt. Sollte sich dies schwierig gestalten, kann es auch seine Hände auf die Schultern des Partners legen und so gelenkt werden.

Sollte bei einzelnen Hindernissen Verletzungsgefahr bestehen, müssen diese durch Matten abgesichert werden.

Gemeinsam sind wir stark: Spiele an der Langbank

Fach:	**Sport**
Zeit:	20–25 Minuten
Materialien:	Langbänke, Gymnastikreifen, Bälle, Medizinbälle, Hütchen
Vorbereitung:	Aufbau, kurze Aufwärmphase

Durchführung:

Die einzelnen Übungen werden als Stationen aufgebaut. Es werden Zweierteams gebildet. Die Teams starten jeweils an einer Station, auf ein akustisches Signal hin findet der Wechsel zur nächsten Übung statt. Die jeweiligen Stationen können mehrfach angeboten werden, um „Staus" zu vermeiden (je nach vorhandener Anzahl an Langbänken).

Nach der Erprobungsphase wird reflektiert: Welche Übung fiel dir schwer/leicht? Welcher Trick kam zum Einsatz? Wie konnte dich dein Partner unterstützen? …

Aneinander vorbei:
Die Partner sollen auf einer umgedrehten Langbank aneinander vorbeibalancieren, ohne dabei herunterzufallen.

Durch den Reifen:
Bei dieser Übung müssen sich zwei bis drei Teams zusammenschließen. Ein Kind steigt durch Gymnastikreifen, die von den Klassenkameraden gehalten werden. Auch hierbei kann die Langbank umgedreht sein. Bei aufkommenden Schwierigkeiten kann sich das Kind bei seinem Partner festhalten, um das Gleichgewicht nicht zu verlieren.

Blind über die Bank:
Ein Kind schließt die Augen und hält sich an den Schultern seines Partners fest. Dieser führt seinen Klassenkameraden über die Bank, auch hierbei kann diese umgedreht sein.

Transport:
Das Zweierteam klemmt einen Ball zwischen sich und läuft über die (umgedrehte) Bank. Ziel ist, dass der Ball nicht herunterfällt.

Bank abräumen:
Bei dieser Übung müssen sich vier bis sechs Teams zusammenschließen. Zwei bzw. drei Teams stehen in einiger Entfernung auf der einen Seite der Bank, die anderen auf der gegenüberliegenden Seite. Ziel ist, Gegenstände (Medizinbälle, Hütchen …), die sich auf der Bank befinden, zu Fall zu bringen (mit Bällen abzuwerfen). Gewonnen hat die Gruppe, die mehr Objekte herunterwerfen konnte.

Zusatzinformationen:

Sollten Sicherheitsbedenken bestehen, müssen die Stationen durch Matten abgesichert werden.

Unsere Freundschaftsbänder

Fach:	**Kunst**
Zeit:	45 Minuten
Materialien:	bunte Wolle
Vorbereitung:	evtl. Flecht- und Knotvorgang erläutern

Durchführung:

Jedes Kind sucht sich einen Partner und setzt sich mit diesem zusammen.

Jedes Team erhält zunächst drei Wollschnüre. Zu Beginn wird am Ende der drei Schnüre ein Knoten gemacht und Schüler A hält diesen vor sich fest. Schüler B kann mit dem Flechten beginnen. Das geflochtene Armband soll so lang sein, dass es um das Handgelenk von Schüler A passt. Sobald diese Länge erreicht wurde, werden die Bänder auch an diesem Ende zusammengeknotet. Jetzt kann das Freundschaftsarmband dem Partner geschenkt werden.

Direkt im Anschluss wird das zweite Armband geflochten.

Vier-Ecken-Malen

Fach:	**Kunst**
Zeit:	30 Minuten
Materialien:	ein Papier (DIN A3) pro Vierergruppe
Vorbereitung:	keine

Durchführung:

Die Kinder bilden Vierergruppen. Alle Vierergruppen erhalten ein weißes Blatt (DIN A3). Jedes Teammitglied fängt an einer Ecke an zu malen. Auf ein Signal hin wird das Papier gedreht und die Kinder malen an einer anderen Ecke das bisher Gezeichnete des anderen Kindes weiter. Sind alle vier Schüler an jeder Ecke tätig geworden, ist das Bild also fertiggestellt, präsentiert jede Gruppe ihr Ergebnis. Hierbei sollen die Jungen und Mädchen auch formulieren, was vielleicht nicht ganz einfach am gemeinsamen Gestalten war (unterschiedliche Vorstellungen vom Endergebnis; die Fortführung des Selbstgemalten entsprach nicht den eigenen Erwartungen etc.) und wie sie sich geeinigt/welche Lösung sie gefunden haben.

Zusatzinformationen:

Damit kein Streit darüber entsteht, wer die fertigen Bilder mit nach Hause nehmen darf, ist es sinnvoll, diese in der Schule aufzuhängen und dort zu belassen.

Ich bin stolz auf dich, weil ...

Fach:	**Kunst, Sachunterricht, Deutsch**
Zeit:	90 Minuten
Materialien:	Digitalkameras, Fotopapier oder weißes Papier (DIN A4)
Vorbereitung:	überprüfen, ob die Digitalkameras funktionstüchtig sind (Batterie voll?, Speicherplatz frei?), Einführung: Umgang mit einer Digitalkamera

Durchführung:

Die Schüler finden sich zu zweit zusammen. Sie überlegen jeweils, weshalb sie auf den anderen stolz sind. Wichtig ist, dass Sie im Vorfeld gemeinsam Beispiele sammeln, auf was man alles stolz sein könnte (weil du beim Laufwettbewerb bis zum Ende durchgehalten hast, weil du ein Tor geschossen hast, weil du das Gedicht ohne Fehler aufsagen konntest, weil du deine Hausaufgabe immer machst, weil du die Einmaleins-Aufgaben alle auswendig kannst …). Nun stellen die Partner einige Aspekte fotografisch dar (das Kind, das gerade ein Tor schießt etc.). Eine andere Möglichkeit ist, die lobenden Worte auf ein Blatt Papier zu schreiben und dieses zu verzieren.

Wer möchte, darf sein Ergebnis vorstellen.

Zusatzinformationen:

Die ausgedruckten Fotos bzw. die gestalteten Blätter können im Klassenraum präsentiert werden (Klassenwand: Wir sind stolz auf uns, weil …).

Denkbar ist auch, dass das Kind jeweils selbst Gedanken ergänzt (Ich bin stolz auf mich, weil …) bzw. Verwandte noch etwas hinzufügen lässt.

Gedicht: Was mir gefällt

Fach:	**Deutsch**
Zeit:	60 Minuten
Materialien:	KV 5.7 (Seite 78), liniertes Papier oder Heft (DIN A4 oder DIN A5)
Vorbereitung:	keine

Durchführung:

Die Kinder erhalten jeweils zu zweit das durcheinandergeratene Gedicht und den Auftrag, dieses wieder zusammenzufügen. Hier ist Argumentieren gefragt (weshalb muss dieser Vers als Nächstes kommen), aber auch gegenseitiges Unterstützen, denn Zusammenarbeit erleichtert erheblich die Arbeit: Lassen Sie den Austausch von Tipps zu. Einige lesen ihre Ergebnisse anschließend vor.

Das Originalgedicht zu Ihrer Kontrolle:

Was mir gefällt
Mit Vater Kuchen backen,
mit Mutter Rätsel knacken,
auf dem Karussell fahren,
ein Geheimnis bewahren,
Muscheln und Steine zählen,
die Farben wählen,
beim Spiel verweilen,
Kummer und Freude teilen,
Unsinn treiben
und Geschichten schreiben.

Max Bolliger

In einem nächsten Schritt wird ein Parallelgedicht geschrieben. Das bedeutet, dass jeder Schüler (oder weiterhin Partnerarbeit) ein eigenes Gedicht mit dem Titel „Was mir gefällt“ verfasst. Hierbei sollen sich die Jungen und Mädchen bezüglich des Aufbaus an der Vorlage orientieren. Wer möchte, trägt sein Werk vor.

Zusatzinformationen:

Beim Zusammenfügen sind mehrere Lösungen denkbar (muss nicht dem Original entsprechen).

Dein Ferienbuch

Fach:	**Kunst, Deutsch, Mathe**
Zeit:	60 Minuten
Materialien:	KV 4.3 (Seite 35), weißes Papier (DIN A4)
Vorbereitung:	keine

Durchführung:

Die Schüler fertigen ein Faltmini oder ein kleines Büchlein an.

Nun wird es gefüllt: Ziel ist es, das Büchlein anschließend einem anderen Kind zu schenken, damit dieses in den Ferien einen lieben Gruß erhält und gleichzeitig ein Mittel gegen aufkommende Langeweile hat. Dementsprechend kann das Faltmini/Büchlein ganz vielfältig mit Inhalt gefüllt werden: Es können liebe Grußworte hineingeschrieben oder ein schönes Bild gemalt werden. Des Weiteren kann jede Art von Rätsel und Knobelei darin Platz finden: Sudoku, Labyrinth, Wortgitter, Kreuzworträtsel, Purzelwörter, Zahlenmauern, Fehlersuchbilder, Malen nach Zahlen etc. Der Verfasser kann auch mit Bleistift ein Umrissbild malen und schreibt dazu, in welchen Farben oder Mustern das Bild ausgemalt oder was ergänzt werden muss. Auch Witze können in dem Büchlein notiert werden.

Weisen Sie die Kinder darauf hin, hinten die Lösungen zu notieren. Denkbar ist auch, ein separates Blatt mit den Lösungen anzufertigen.

Bevor das Werk verschenkt wird, soll es ansprechend gestaltet werden.

Zusatzinformationen:

Die Umsetzung dieser Idee sollte kurz vor Ferienbeginn (am besten der Sommerferien) erfolgen.

Erinnern Sie die Kinder daran, bei jedem Rätsel o. Ä. einen Arbeitsauftrag einzufügen, damit der Empfänger auch weiß, was er tun soll.

Postkarte in den Ferien: Ich vermisse dich, weil ...

Fach:	**Deutsch**
Zeit:	15 Minuten
Materialien:	eine frankierte und adressierte Postkarte pro Kind (von den Schülern mitzubringen)
Vorbereitung:	Elternbrief verteilen

Durchführung:

Jeder Schüler soll von zu Hause eine frankierte Postkarte mitbringen, auf welcher seine Adresse bereits vermerkt worden ist (das Motiv darf sich jedes Kind selbst aussuchen). Hierzu sollte im Vorfeld ein Elternbrief ausgeteilt werden, damit die Umsetzung erleichtert wird.

Sobald die Postkarten in die Schule mitgebracht werden, geht es ans Schreiben: Jeder sucht sich einen Mitschüler aus, dem er seine Karte gibt. Wichtig ist, dass hierbei besprochen wird, dass jeder zum Zug kommen muss. Wenn also ein Mitschüler bereits eine Karte zum Schreiben erhalten hat, muss man sich einen anderen Klassenkameraden aussuchen. Thematisieren Sie, dass immer eine Anrede erfolgen (Liebe/Lieber) und am Ende der eigene Name – am besten verbunden mit ein paar Grüßen – vermerkt werden muss. Der Text kann beinhalten, warum man den anderen vermisst, was man im vergangenen Schuljahr besonders an ihm schätzte; weiterhin können Dinge notiert werden, die man gerne wieder mit ihm machen möchte, sobald man sich wiedersieht; denkbar sind auch Fragen (Wie sind deine Ferien?, Bist du gerade im Urlaub? …). Fragen sind natürlich nur dann sinnvoll, wenn die

Kinder gegenseitig ihre Kontaktdaten kennen und ggf. auch antworten können. Des Weiteren können Wünsche für das neue Schuljahr formuliert werden (vor allem am Ende der Grundschulzeit, wenn die Kinder auf eine weiterführende Schule wechseln). Schnelle Schreiber können die Postkarte noch verzieren.

Die fertigen Produkte werden bei der Lehrkraft abgegeben. Diese wirft die Schriftstücke in den Ferien in den Briefkasten, sodass die Kinder auch in der freien Zeit einen kleinen Gruß von einem Mitschüler erhalten.

Zusatzinformationen:

Diese Unterrichtsidee sollte kurz vor den Sommerferien umgesetzt werden.

Schüler, die keine Postkarte mitbringen, können einem Klassenkameraden auf ein Blatt einen kleinen Brief schreiben, der dann nicht verschickt, sondern unmittelbar abgegeben wird.

Vorlage für Elternbrief:

Liebe Eltern,

ich möchte, dass die Kinder auch in den Sommerferien einen kleinen Gruß aus der Schule erhalten. Deshalb wäre es schön, wenn Sie Ihrem Kind in den nächsten Tagen eine frankierte Postkarte mit Ihrer Adresse mitgeben. Die Karte wird dann von einem Mitschüler beschriftet und ich versende sie in den Sommerferien. So erhält Ihr Kind während der Ferien einen Gruß von einem Schulfreund/einer Schulfreundin.

Ich würde mich freuen, wenn alle Kinder mitmachen, und verbleibe mit herzlichen Grüßen!

Unsere gemeinsame Zeit

Fach:	**Mathe** (Zeit)
Zeit:	10 Minuten (Vorbesprechung) 10 Minuten (Präsentation der Ergebnisse)
Materialien:	kariertes Papier oder Heft
Vorbereitung:	Das Berechnen von Zeitspannen muss vorher eingeübt werden.

Durchführung:

Die Schüler sind aufgefordert, sich einen Partner zu suchen. Das Team erhält die Aufgabe, bis zum Ende der Woche täglich zu notieren, wie viel Zeit es gemeinsam verbringt. Hierbei gilt es, die gesamte Zeitspanne zu berechnen: gemeinsame Zeit am Schulvormittag, im Hort/der Mittagsbetreuung, im Sportverein, beim Spielen …

Am Ende der Woche stellen die Teams ihre Ergebnisse vor. Dabei soll herausgearbeitet werden, dass viel Zeit miteinander verbracht wird, wie zentral der andere also im alltäglichen Leben ist. Ganz wichtig ist, dies positiv zu formulieren, also nicht etwa „du verbringst ja weniger Zeit mit deinen Eltern als mit mir".

Zusatzinformationen:

Diese Unterrichtsidee sollte am Montag eingeführt werden.

Ich bin dein Spiegelbild

Fach:	**Mathe, Sport**
Zeit:	10 Minuten
Materialien:	keine
Vorbereitung:	Spiegelung/Symmetrie durchnehmen

Durchführung:

Die Schüler finden sich paarweise zusammen. Ein Kind macht eine Bewegung; Aufgabe des Partners ist es nun, diese spiegelbildlich nachzuahmen. Hierbei ist die genaue Beobachtung des Gegenübers gefragt.

Besprechen Sie im Vorfeld einige Beispiele mit den Kindern.

Zusatzinformationen:

Möglich ist auch, dass sich mehrere Kinder in eine Reihe stellen und die Bewegung eines Mitschülers spiegeln.

Heinzelmännchen

Fach:	**Sachunterricht**
Zeit:	15 Minuten (am Anfang einer Woche) 10 Minuten (am Ende einer Woche)
Materialien:	Namenskärtchen
Vorbereitung:	besprechen, was als gute Tat umgesetzt werden kann

Durchführung:

Am Anfang einer Woche zieht jeder Schüler den Namen eines Klassenkameraden. Es wird geheim gehalten, welchen Namen man gezogen hat. Aufgabe ist es, im Laufe der Woche etwas Gutes für diesen Mitschüler zu tun (Pausenbrot teilen, Stuhl hochstellen, in der Pause mit ihm spielen …).

Am Ende der Woche wird überlegt, wer das Heinzelmännchen für wen war, wer also welchen Namen gezogen hatte. War das Heinzelmännchen zu aktiv, ist die Lösung offensichtlich. Die Kunst ist also, die richtige Balance zu finden oder eben mehreren Mitschülern etwas Gutes zu tun, um die Zuordnung zu erschweren. Folglich verrichten die Kinder gute Taten in Bezug auf mehrere Jungen und Mädchen.

Zusatzinformationen:

Entweder bereiten sie kleine Namenskärtchen vor oder jeder Schüler schreibt selbst seinen Namen auf einen kleinen Zettel. Wenn Sie beispielsweise ohnehin Wäscheklammern mit den Namen der Kinder haben (um z. B. Klassendienste zu vergeben), können natürlich auch diese benutzt werden.

Ich schenke dir ...

Fach:	**Kunst**
Zeit:	15 Minuten Vorbesprechung, 4 · 10 Minuten für die Geschenkübergabe
Materialien:	keine
Vorbereitung:	keine

Durchführung:

Jedes Kind soll als Hausaufgabe ein „Symbol der Freundlichkeit" sammeln. Es muss vorbesprochen werden, welche Gegenstände dies sein könnten (eine Blume, ein schöner Stein, ein Herz, eine Muschel, ein hübsches Laubblatt oder eine Kastanie, ein lachendes Gesicht, ein gemaltes Bild, eine Bastelarbeit, etc.). An den darauffolgenden Wochentagen präsentieren die Schüler jeweils ihr Mitgebrachtes und verschenken es an einen Klassenkameraden. Dabei machen sie diesem ein Kompliment: „Ich schenke dir …, weil du …"

Zusatzinformationen:

Es bietet sich an, diese Hausaufgabe am Montag zu stellen. So können die Präsentation und die Übergabe der kleinen Geschenke auf die übrigen Wochentage verteilt werden. Dadurch werden diese Unterrichtseinheiten relativ kurz gestaltet, sodass die Aufmerksamkeit der Schüler aufrechterhalten bleibt.

Geschenke: Gute Taten

Fach:	**Sachunterricht**
Zeit:	10 Minuten (verteilen der Kärtchen und kurze Vorbesprechung) 15 Minuten (Nachbesprechung)
Materialien:	KV 5.8 (Seite 79), evtl. liniertes Papier für Gedanken der Reflexionsphase
Vorbereitung:	keine

Durchführung:

Die Schüler sollen bis zum Ende der Woche eine gute Tat vollbringen. Dazu erhält jedes Kind ein Kärtchen, auf welchem steht, was zu tun ist. Entweder darf sich jeder eines aussuchen oder die Lehrkraft verteilt die Kärtchen. Es ist darauf zu achten, dass die Umsetzbarkeit für jeden Schüler gewährleistet ist (so kann beispielsweise ein Kind, das keine Geschwister hat, an solchen auch keine guten Taten verrichten). Zusätzlich müssen sämtliche Begriffe geklärt werden (z. B. Erläuterung des Wortes „stolz"). Eventuell müssen gemeinsam Beispiele für mögliche Komplimente etc. gesammelt werden. Selbstverständlich darf jedes Kärtchen mehrfach vergeben werden, Hauptsache, die jeweilige Anweisung passt zum einzelnen Kind.

Am Ende der Woche wird reflektiert: Hast du deine gute Tat umgesetzt? Wenn nicht, was hat dich daran gehindert? Fiel es dir schwer oder leicht? Warum? Was hast du dabei empfunden? Wie haben die Menschen reagiert, die die gute Tat erfahren haben? Weshalb können wir auch bei den guten Taten von einem Geschenk sprechen, obwohl gar nichts überreicht worden ist?

Jedes Kind kann seine eigenen Erfahrungen und Empfindungen schriftlich festhalten; evtl. wird das Kärtchen dazugeklebt.

Zusatzinformationen:

Diese Unterrichtsidee eignet sich am besten für den Wochenanfang; so haben die Kinder genügend Zeit, um ihre Aufgabe in die Tat umzusetzen.

Schön, dass du in meiner Klasse bist, weil …

Ich mag an dir, dass …

Es war nett, als du …

Du kannst stolz auf dich sein, weil …

Du kannst besonders gut …

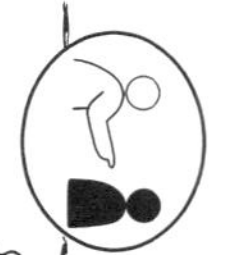

1. Suche dir ein Kind aus deiner Klasse aus.
2. Sage diesem Kind etwas Nettes.

1. Suche dir ein Kind aus deiner Klasse aus.
2. Sage diesem Kind etwas Nettes.

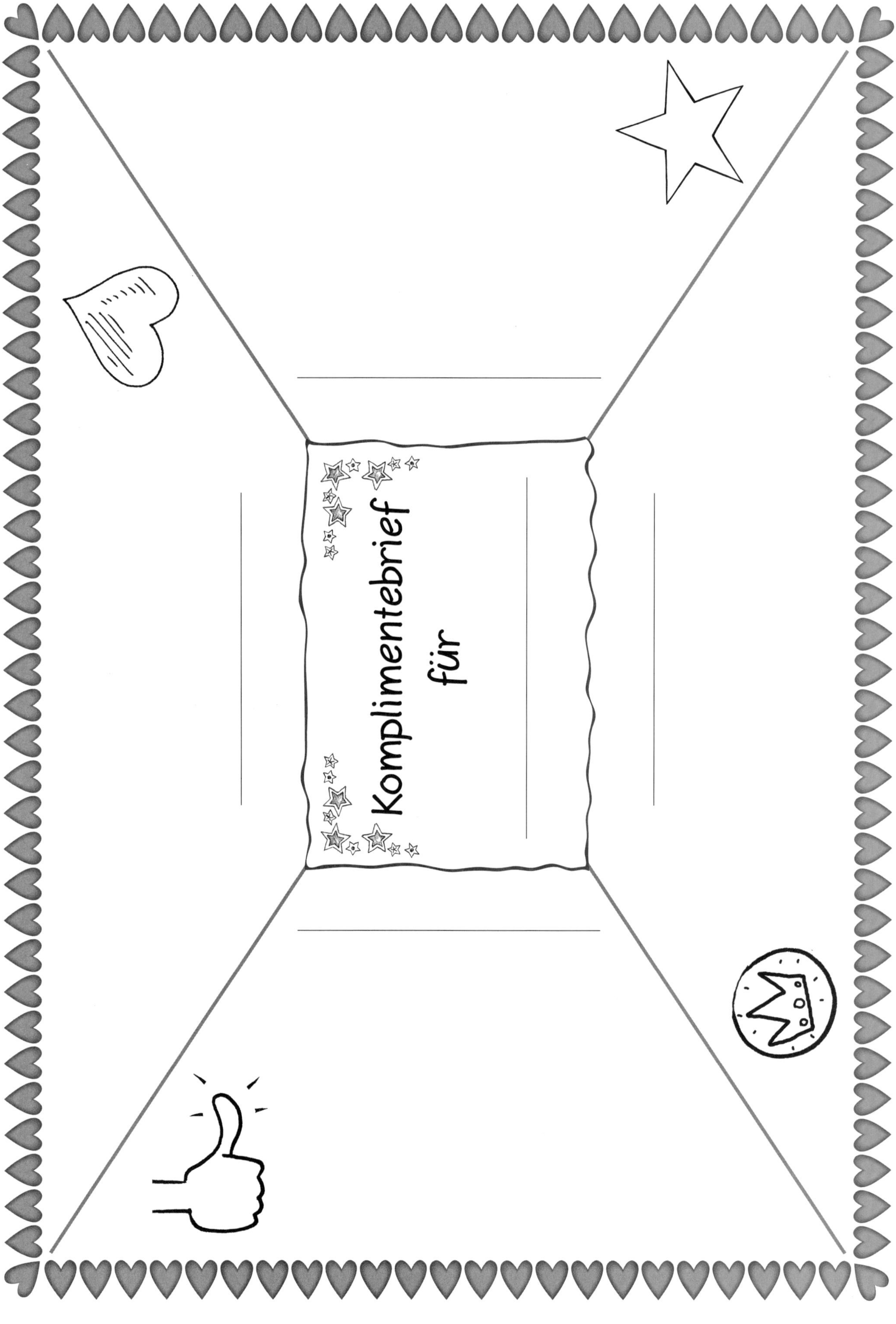

Komplimentebrief

für

Das bist du!

Mutig fleißig guter Freund / gute Freundin großzügig

hilfsbereit freundlich sportlich

Rechenkönig/Rechenkönigin ehrlich Schreibprofi

schnell weltbester Maler / weltbeste Malerin

Leseprofi Hausaufgabenmeister/Hausaufgabenmeisterin

ordentlich pünktlich

begnadeter Sänger / begnadete Sängerin

Experte/Expertin für Flüstersprache

weltbester Geschichtenerfinder / weltbeste Geschichtenerfinderin

zuverlässig super Witzeerzähler/Witzeerzählerin

guter Tröster / gute Trösterin

____

____

____

KV 5.4 Unterschiede und Gemeinsamkeiten – Placemat

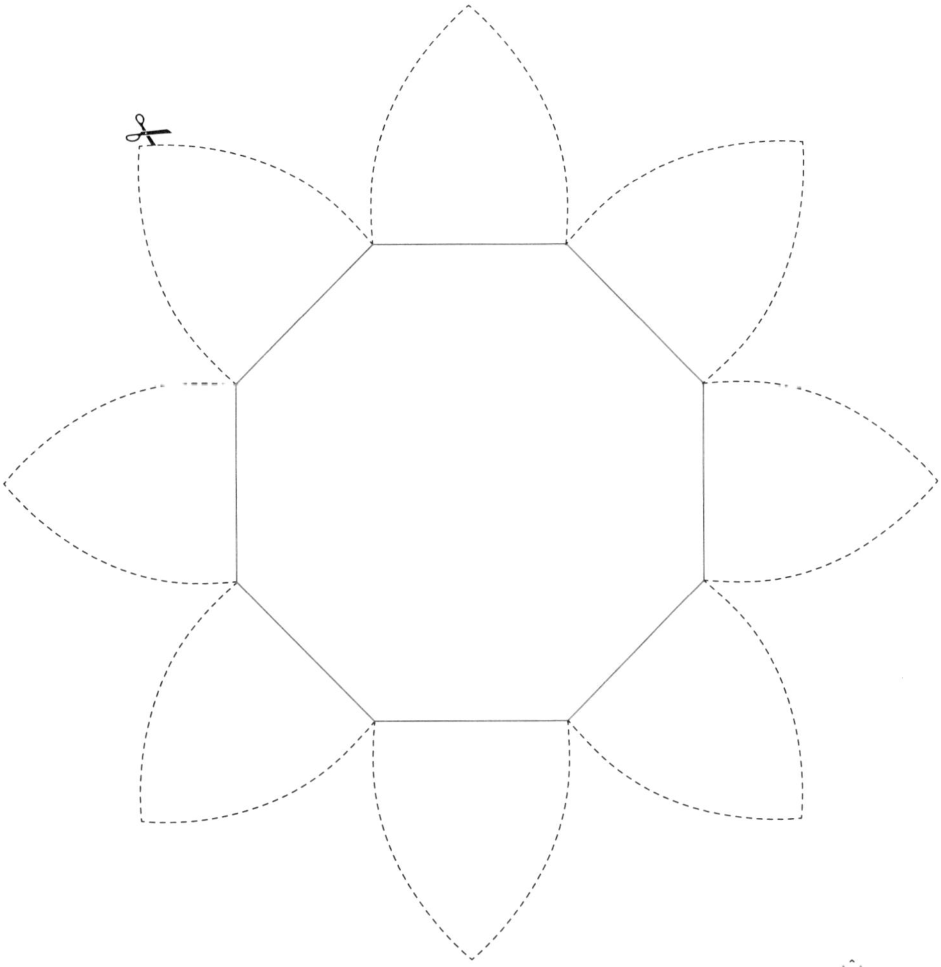

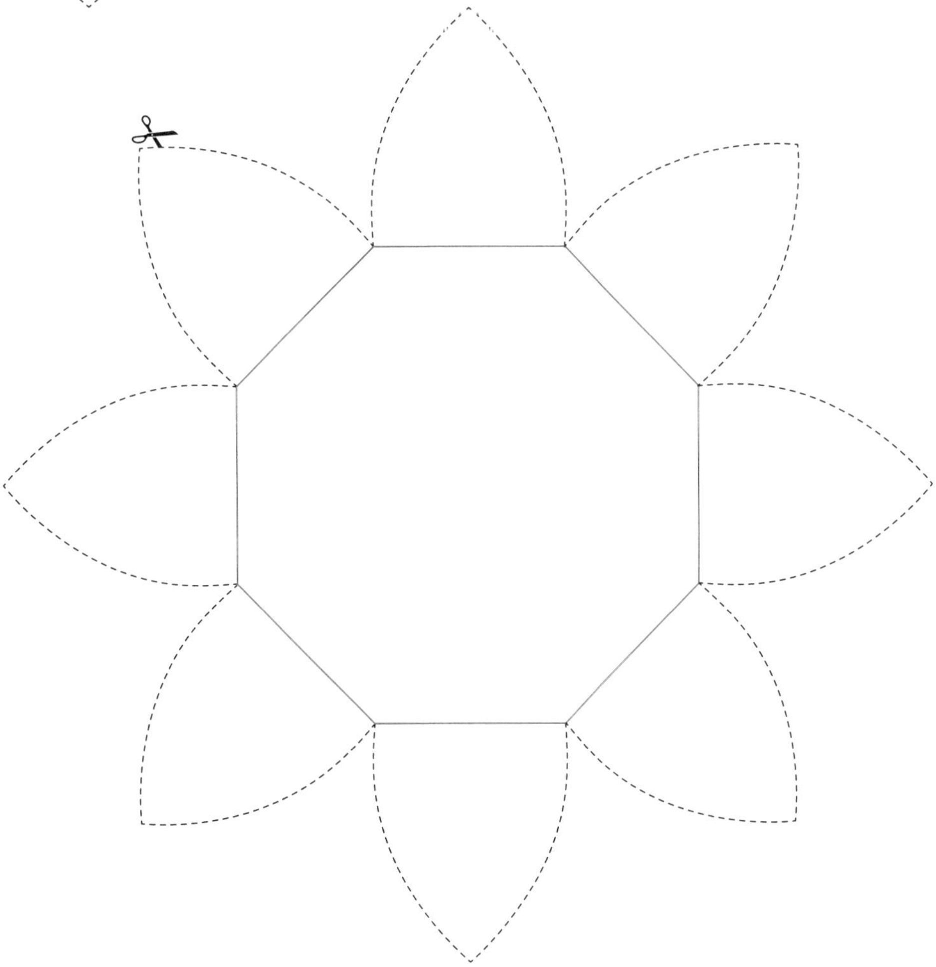

Arbeitsauftrag

Dieses Gedicht ist durcheinandergeraten.
Kannst du es wieder zusammenfügen?

- Schneide die Streifen aus.
- Lege die Zeilen so untereinander, wie du es für richtig hältst.
- Klebe die Streifen auf.

Kummer und Freude teilen,

Muscheln und Steine zählen,

auf dem Karussell fahren,

Was mir gefällt

Mit Vater Kuchen backen,

und Geschichten schreiben.

Max Bolliger

mit Mutter Rätsel knacken,

ein Geheimnis bewahren,

die Farben wählen,

beim Spiel verweilen,

Unsinn treiben

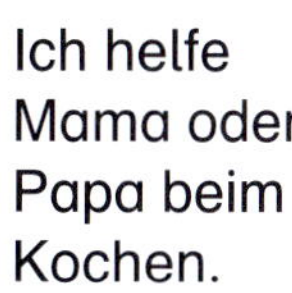

Ich helfe Mama oder Papa beim Kochen.

Ich räume die Spülmaschine ein und aus.

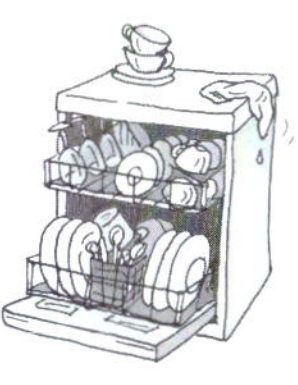

Ich male ein Bild und verschenke es.

Ich rufe Oma oder Opa an.

Ich hänge die Wäsche auf.

Ich helfe meinem Bruder/meiner Schwester bei den Hausaufgaben.

Ich lese meiner kleinen Schwester/meinem kleinen Bruder etwas vor.

Ich helfe meinem kleinen Bruder/meiner kleinen Schwester beim Anziehen.

Ich decke den Tisch.

Ich sage meinen Eltern, weshalb ich stolz auf sie bin.

Ich sage meinen Eltern, warum ich sie lieb habe.

Ich mache der Schulsekretärin ein Kompliment.

Ich mache dem Hausmeister ein Kompliment.

Ich mache dem Schulleiter/der Schulleiterin ein Kompliment.

Ich mache meinen Eltern ein Kompliment.

Ich helfe einem Mitschüler/einer Mitschülerin, der/die Unterstützung benötigt.

Ich gebe einem Mitschüler/einer Mitschülerin etwas von meinem Pausenbrot ab.

Ich spiele in der Pause mit einem Kind, das alleine ist.

Ich halte den Garderobenplatz eines anderen Kindes sauber.

Ich mache einem Klassenkameraden/einer Klassenkameradin ein Kompliment.

Ich mache einer Lehrerin/einem Lehrer der Schule ein Kompliment.

Ich grüße unsere Nachbarn ganz freundlich.

Ich halte jemandem die Türe auf.

Ich schenke einem anderen Kind ein Spielzeug, das ich nicht mehr brauche. Ich frage vorher meine Eltern um Erlaubnis.

Ich schreibe Oma oder Opa einen Brief.

Ich spende einen kleinen Betrag meines Taschengeldes. Ich frage vorher meine Eltern um Erlaubnis und bitte um ihre Unterstützung.

Ich mache Oma oder Opa ein Kompliment.

6 Wir: Unterrichtsideen für den Klassenverband

Die Unterrichtsideen dieses Kapitels beziehen sich auf die gesamte Klasse – das gegenseitige Kennenlernen, Wertschätzen und das Wir-Gefühl.

Darüber hinaus wird bei vielen Übungen die Ich-Stärke gefördert, da das Selbstbild auch durch das Urteil anderer zustande kommt (siehe 1.1).

Ich bin ... und ich kann gut ...

Fach:	**Deutsch, Englisch**
Zeit:	10 Minuten
Materialien:	keine
Vorbereitung:	keine

Durchführung:

Alle stellen sich hinter ihren Stuhl. Ein Kind oder die Lehrkraft beginnt und nennt den eigenen Vornamen und etwas, das gut beherrscht wird. Der Satz könnte also z. B. lauten: „Ich bin Ines und kann gut trommeln." Der Junge oder das Mädchen ruft einen Mitschüler auf, indem es dessen Vornamen anfügt („und du bist ..."). Jeder, der an der Reihe war, darf sich hinsetzen. Das Spiel wird so lange gespielt, bis alle dran waren.

Die Vornamen der Klassenkameraden werden gefestigt und gleichzeitig lernen sich die Schüler besser kennen, indem sie Stärken der anderen erfahren. Der Einzelne kann den anderen seine Fähigkeiten mitteilen.

Diese Übung kann auch im Englischunterricht umgesetzt werden, die Kinder stellen sich und ihre Stärke auf Englisch vor.

Zusatzinformationen:

Der beste Zeitpunkt für diese Unterrichtsidee ist der Schuljahresanfang, allerdings sollten die Kinder die Namen ihrer Mitschüler schon weitestgehend kennen. Sollte ein Name nicht bekannt sein, kann dieser durch den betreffenden Schüler selbst genannt werden. Selbstverständlich kann auch die Lehrkraft unterstützend einwirken.

Du kannst gut ...

Fach:	**Deutsch**
Zeit:	20 Minuten
Materialien:	weißes Papier (DIN A4) oder Heft
Vorbereitung:	keine

Durchführung:

Jedes Kind legt ein Blatt oder ein Heft mit einer leeren Seite auf seinen Platz. Danach laufen die Schüler umher und schreiben bei einzelnen Klassenkameraden jeweils aufs Papier, was diese gut können. Nennungen könnten sein: Fußball spielen, lesen, Flöte spielen, Witze erzählen etc. Falls Bedenken bestehen, dass Unfug notiert wird, fordern Sie die Schüler auf, jeweils ihren Namen hinter das Kompliment zu schreiben. So kann man nachvollziehen, wer was vermerkt hat.

Besprechen Sie mit den Kindern, dass sie sich nicht nur etwas zu dem besten Freund/der besten Freundin überlegen sollen. Sensibilisieren Sie die Schüler, dass besonders Blätter, auf welchen nach einer gewissen Zeit immer noch sehr wenig steht, beschriftet werden wollen. Selbstverständlich kann auch die Lehrkraft umhergehen und Ergänzungen vornehmen.

Nachdem alle wieder Platz genommen haben, darf jedes Kind studieren, was seine Klassenkameraden zu Papier gebracht haben.

Sollten die Notizen auf ein Blatt geschrieben worden sein, kann auch eine Auswahl getroffen werden, die ausgeschnitten und in ein Heft geklebt wird.

Zusatzinformationen:

Dadurch, dass evtl. nicht alle wissen, wer wo sitzt, sollte oben auf der Heftseite oder auf dem Blatt der eigene Vorname vermerkt werden.

„Du kannst gut“ als Kugellager

Fach:	**Deutsch**
Zeit:	5 Minuten
Materialien:	keine
Vorbereitung:	keine

Durchführung:

Die Schüler bilden ein „Kugellager“: Die Hälfte der Klasse stellt sich in einem Kreis auf und dreht sich dann nach außen. Die andere Hälfte der Klasse ordnet sich nun jeweils einem Kind zu, bildet den Außenkreis, sodass sich immer zwei Kinder gegenüberstehen.

Nun sagen sich die gegenüberstehenden Schüler, was der jeweils andere gut kann. Auf ein akustisches Signal hin wandert der Außenkreis um einen Platz weiter. Auch dem neuen Partner soll nun mitgeteilt werden, was er besonders gut kann. Dieses Prozedere wird einige Male wiederholt, sodass jedem Kind von verschiedenen Klassenkameraden gesagt wird, wo seine Stärken liegen. Einige Aspekte werden sich hierbei wiederholen, was völlig in Ordnung ist.

Zusatzinformationen:

Nach ein paar Durchgängen können Sie einen anderen Impuls setzen, z. B.: „Sage deinem Gegenüber, wieso du es toll findest, dass er in unserer Klasse ist!“.

Helfer sein: Hilfsaktionen fotografisch festhalten

Fach:	**Sachunterricht, Kunst, Religionslehre**
Zeit:	90 Minuten
Materialien:	Digitalkameras, Fotopapier
Vorbereitung:	überprüfen, ob die Digitalkameras funktionstüchtig sind (Batterie voll?, Speicherplatz frei?), Einführung in den Umgang mit einer Digitalkamera

Durchführung:

Die Schüler finden sich in Gruppen zusammen und besprechen, welche Hilfsaktion sie darstellen und fotografieren möchten (z. B. Helfer beim Lernen, Helfer in der Pause ...). Anschließend wird die Hilfsaktion nachgestellt und fotografiert. Zum Abschluss werden die Fotos in der Klasse gezeigt und die anderen Gruppen raten, um welche hilfsbereite Tat es geht. Eigene Erfahrungen hierzu werden dabei ausgetauscht.

Zusatzinformationen:

Die Unterrichtsidee eignet sich auch gut für den Religionsunterricht, indem man im November die Hilfsbereitschaft von Sankt Martin fotografisch darstellt und bespricht.

Gedicht: Wann Freunde wichtig sind

Fach:	**Deutsch**
Zeit:	35 Minuten
Materialien:	KV 6.1 (Seite 92), liniertes Papier oder Heft
Vorbereitung:	Methode „Think-Pair-Share" einführen

Durchführung:

Gemeinsam wird das Gedicht „Wann Freunde wichtig sind" von Georg Bydlinksi betrachtet. Anschließend soll jedes Kind zuerst selbst überlegen und notieren, in welchen Situationen Freunde unverzichtbar sind. In einem nächsten Schritt tauschen sich die beiden Sitznachbarn darüber aus, welche Aspekte sie aufgeschrieben haben, und ergänzen ggf. ihre Aufzeichnungen. Schließlich wird im Plenum gesammelt, wann Freunde wichtig sind.

Daran anschließend könnte in der Klasse darüber gesprochen werden, wie man mit seinen Freunden umgehen sollte, die ja in so vielen Situationen wichtig sind.

Zusatzinformationen:

Die gefundenen Aspekte können kategorisiert werden (manchmal wird von den Schülern selbst darauf hingewiesen): Fußball spielen, „Mensch ärgere dich nicht" spielen, Fangen spielen etc. könnten beispielsweise dem Oberbegriff „zum Spielen / zum Spaßhaben" zugeordnet werden. Hausaufgabe erklären, mich verteidigen etc. hingegen könnten der Kategorie „zum Helfen / zum Unterstützen" zugewiesen werden etc.

Schildkrötenpanzer

Fach:	**Deutsch**
Zeit:	45 Minuten
Materialien:	Pappteller oder Zettel, Bänder oder Wäscheklammern
Vorbereitung:	Band an Papptellern oder Zetteln befestigen (vorher mit zwei Löchern versehen); mit den Schülern besprechen, was geschrieben werden kann

Durchführung:

Jeder Schüler erhält einen Pappteller oder einen Zettel. Dieser soll auf dem Rücken befestigt werden, entweder mithilfe einer Wäscheklammer oder durch ein Band.

Nun gehen die Kinder durchs Klassenzimmer und schreiben sich gegenseitig Nettigkeiten auf den Rücken. Hierbei entstehen zeitweise geradezu Reihen. Falls Sie die Gefahr sehen, dass einzelne Unfug notieren, machen Sie die Vorgabe, dass zu dem Kompliment noch der Absender geschrieben werden muss. So kann man hinterher nachvollziehen, wer was vermerkt hat. Im Vorfeld sollte thematisiert werden, dass am Ende bei allen Jungen und Mädchen Komplimente aufgeschrieben wurden. Sieht man, dass bei einem wenig oder gar nichts drauf steht, wäre es schön, wenn man sich etwas Nettes für den Betroffenen überlegt. Hilfreich ist es, wenn Sie als Lehrkraft ebenfalls umhergehen und „Schildkrötenpanzer" ergänzen.

Anschließend darf jeder seinen Pappteller/Zettel abnehmen und studieren. Wer möchte, darf etwas vorlesen.

Es kann darüber philosophiert werden, weshalb der Name „Schildkrötenpanzer" passend ist (die Idee zu dem Namen kam von einer Klasse, mit der diese Unterrichtsidee durchgeführt wurde). Antworten könnten z. B. sein: Die Komplimente kann ich mir in Erinnerung rufen, wenn mich jemand verletzt oder es mir nicht so gut geht; sie wehren die Kränkungen wie ein Panzer ab.

Zusatzinformationen:

Falls Sie die Pappteller/das Papier mit einem Band befestigen, können die Kinder auch selbst das Band durch die Löcher fädeln.

Achtung! Klären Sie unbedingt mit den Kindern, dass an den Bändern nicht gezogen werden darf, da diese unmittelbar den Hals berühren und so Verletzungsgefahr besteht! Wir empfehlen daher die Variante mit den Wäscheklammern.

Der Lobbriefkasten

Fach:	**Deutsch**
Zeit:	20 Minuten
Materialien:	KV 6.2 (Seite 93) oder fertige Blankoschachteln (große Streichholzschachteln) oder Briefumschläge und kleine Zettel
Vorbereitung:	besprechen, was man loben kann

Durchführung:

Jedes Kind hat einen eigenen Briefkasten, den die anderen Kinder mit Lob „füttern" können. Der Briefkasten kann eine Schachtel sein, die jedes Kind verzieren darf, es kann aber auch ein (bunter) Umschlag als Briefkasten dienen. Wichtig ist, dass der Name darauf vermerkt ist.

Von Zeit zu Zeit schreiben sich die Schüler gegenseitig kleine Lobzettelchen. Der Empfänger liest seine Post und steckt sie dann zurück in seinen Briefkasten, wo sie aufbewahrt wird. Wird der Briefkasten zu voll, muss er geleert werden. Die schönsten Zettelchen können entweder mit nach Hause genommen oder in ein Heft geklebt werden.

Besprechen Sie mit Ihren Schülern, dass man nicht nur seinen Freunden Post schickt, da sonst Kinder mit wenig Freunden selten Briefe erhalten. Erfahrungsgemäß wissen die Schüler sehr gut, wer vielleicht leer ausgehen könnte, und bedenken dieses Kind dann. Sie als Lehrkraft können natürlich regulierend eingreifen, indem Sie selbst Lob versenden. Wenn auch Sie einen Lobbriefkasten haben und ebenfalls Post erhalten können, wirkt ein eigenes Schreiben von Zettelchen als natürlicher Teil des Prozesses. So entsteht nicht der Eindruck, dass aus Mitleid gehandelt wird. Außerdem freut man sich auch als Lehrkraft, wenn man gelobt wird!

Am Ende einer Schreibphase sollten die Schächtelchen bzw. Umschläge eingesammelt und beispielsweise in einer ansprechenden Box verwahrt werden.

Zusatzinformationen:

Je nach zur Verfügung stehender Zeit kann die Unterrichtseinheit auch mehr oder weniger als 20 Minuten umfassen, da die Dauer der Schreibphase von der Lehrkraft flexibel gestaltet werden kann.

Das Geheimnis von GrüBiDa-Land

Fach:	**Sachunterricht, Deutsch, Englisch**
Zeit:	45 Minuten
Materialien:	KV 6.3 (Seite 94), liniertes Papier oder Heft, evtl. Plakat
Vorbereitung:	keine

Durchführung:

Gemeinsam wird der Text „Das Geheimnis von GrüBiDa-Land" von Manfred Hahn gelesen. In diesem geht es darum, dass ein freundlicher Umgang mit den Menschen in unserer Umgebung unser eigenes Leben – und eben nicht nur das der anderen! – erleichtert. Gemeinsam wird besprochen, was die Abkürzung „GrüBiDa" (Grüßen, Bitte, Danke) bedeuten könnte.

Nun können die Schüler selbst überlegen, wann es ihnen schon einmal so ergangen ist, dass sie durch Freundlichkeit einen positiven Effekt erfahren haben. Hierbei sollte auch besprochen werden, dass eine nette Reaktion des anderen auch schon etwas sehr Schönes ist, also nicht nur ein materieller Vorteil oder eine Bevorzugung Freude macht. Dass jeder schon einmal unhöflich war, sollte ebenfalls thematisiert werden. Warum gelingt es nicht immer, nett zu sein? In welchen Situationen fällt es besonders schwer, gut mit seinen Mitmenschen umzugehen? Mögliche Antworten können sein, dass es sehr von dem eigenen Wohlbefinden abhängt, wie man sich gegenüber anderen verhält, aber auch, dass gute Vorbilder eine wichtige Rolle spielen.

Hier kann der Bogen zur nahen Zukunft gespannt werden: Kannst du ein Vorbild sein? In welchen Situationen kannst du in nächster Zeit besonders höflich sein? Was nimmst du dir vor? Damit die Umsetzung gelingt, werden gemeinsam Höflichkeitswörter gesammelt (im Text sind bereits einige genannt), die zum Einsatz kommen können. Diese werden schriftlich festgehalten. Zusätzlich können sie auf einem Plakat fixiert werden, das im Klassenzimmer aufgehängt wird.

Um die gefundenen Wörter zu festigen, bietet sich im Anschluss die Übung „Land-Art: Nette Worte“ an.

Zusatzinformationen:

Sind Kinder in der Klasse, die mehrsprachig aufwachsen, ist es sinnvoll, Höflichkeitswörter ebenfalls in deren Sprachen zu sammeln. So erfolgt unterrichtsimmanent eine Würdigung der Bilingualität. Gerade die Schüler, die aufgrund ihrer nicht deutschen Herkunft Schwierigkeiten haben, werden durch solche Aktionen gestärkt. Denkbar ist zudem der Einbezug der Eltern dieser Kinder, auch diese erfahren so eine Wertschätzung.

Es bietet sich an, darüber hinaus im Rahmen des Englischunterrichts Höflichkeitswörter zu sammeln.

Land-Art: Nette Worte

Fach:	**Kunst, Englisch**
Zeit:	45 Minuten
Materialien:	Naturmaterialien, Digitalkameras, Fotopapier
Vorbereitung:	Höflichkeitswörter sammeln, überprüfen, ob die Digitalkameras funktionstüchtig sind (Batterie voll?, Speicherplatz frei?), Einführung in den Umgang mit einer Digitalkamera

Durchführung:

Die Schüler können in Einzel-/Partner- oder Gruppenarbeit arbeiten. Sie erhalten den Auftrag, Naturmaterialien zu sammeln, aus denen sie anschließend Höflichkeitswörter legen. Erfahrungsgemäß lässt sich auf dem Pausenhof genug finden (Blätter, kleine Stöckchen, Steinchen etc.). Die Ergebnisse werden präsentiert und abfotografiert. So können sie als eine Art Wortspeicher im Klassenzimmer ausgestellt werden.

Werden auch englische Höflichkeitswörter dargestellt, leistet diese Übung nebenbei noch einen Beitrag zum Fremdsprachenunterricht.

Dilemmageschichte fotografisch darstellen: Sich entschuldigen

Fach:	**Sachunterricht, Kunst, Deutsch**
Zeit:	90 Minuten
Materialien:	Digitalkameras, Fotopapier, evtl. liniertes Papier oder Heft
Vorbereitung:	überprüfen, ob die Digitalkameras funktionstüchtig sind (Batterie voll?, Speicherplatz frei?), Einführung: Umgang mit einer Digitalkamera, Begriffsklärung „Dilemma“

Durchführung:

Die Schüler finden sich in Gruppen zusammen und besprechen, welches Dilemma sie fotografieren möchten (z. B. Farbmalbecher vom Banknachbarn umgekippt etc.). Anschließend wird diese kritische Situation nachgestellt und fotografiert. Zum Abschluss werden die Fotos im Plenum gezeigt und die anderen Gruppen beschreiben die dargestellte Situation, eigene Erfahrungen hierzu werden dabei ausgetauscht. Des Weiteren wird anhand dieser Schülerbeispiele besprochen, wie man sich angemessen entschuldigt bzw. wie eine Wiedergutmachung erfolgen kann.

Zusatzinformationen:

Das Ergebnis dieser Übung kann als Geschichte im Rahmen von „Texte verfassen“ im Deutschunterricht aufgeschrieben werden.

Gute-Taten-Leine

Fach:	**Deutsch**
Zeit:	unterrichtsimmanent
Materialien:	KV 6.4 (Seite 95), Leine (z. B. Paketschnur), Wäscheklammern oder Büroklammern, kleine Zettelchen
Vorbereitung:	Leine und Schild im Klassenzimmer aufhängen

Durchführung:

Im Klassenzimmer wird eine „Gute-Taten-Leine" aufgehängt. Beobachtet oder erfährt ein Schüler eine gute Tat, schreibt er diese auf einen kleinen Zettel und hängt diesen an die Leine. Besprechen Sie mit den Kindern, dass der Name des „Wohltäters" genannt werden sollte. Zusätzlich ist es gut, wenn der Name des Schreibers ebenfalls vermerkt wird. Das gemeinsame Sammeln von guten Taten erscheint sinnvoll, damit die Jungen und Mädchen eine Vorstellung davon bekommen, was man alles aufschreiben kann.

Zu einem festen Zeitpunkt (zum Beispiel immer am Ende der Woche/des Monats/während einer Klassenratssitzung) werden die Zettelchen abgehängt, vorgelesen und jeweils an das Kind, das die gute Tat vollbracht hat, überreicht. Teilen Sie den Schülern im Vorfeld mit, dass die Kärtchen im Plenum präsentiert werden, bieten Sie jedoch auch die Möglichkeit, dass dies nicht öffentlich geschieht, falls es einem Kind unangenehm sein sollte.

Zusatzinformationen:

Denkbar ist, dass man sich etwas aus einer Schatzkiste nehmen darf, wenn man beispielsweise dreimal mit einer guten Tat an der Leine zu finden war.

Gordischer Knoten

Fach:	**Sport**
Zeit:	10–15 Minuten
Materialien:	keine
Vorbereitung:	evtl. kurze Aufwärmphase

Durchführung:

Zu Beginn stellen sich alle Schüler in einen engen Kreis. Sie strecken ihre Hände nach vorne und greifen nach denen ihrer Klassenkameraden.

Achtung: Es sollte darauf geachtet werden, dass man nicht die Hand des direkten Nachbarn greift und auch nicht beide Hände ein und derselben Person.

Hierdurch entsteht automatisch ein wirrer Händeknoten. Nun soll dieser entwirrt werden, ohne einen anderen loszulassen. Nicht aufgeben, denn es kann immer ein komplett entwirrter Kreis gebildet werden.

Kommunizieren ohne Worte

Fach:	**Sport, Sachunterricht, (Deutsch)**
Zeit:	15 Minuten
Materialien:	keine
Vorbereitung:	keine

Durchführung:

Aufgabe ist, dass sich die Schüler nach dem Alter sortieren, ohne dabei zu sprechen. Besprechen Sie im Vorfeld, wie man nonverbal kommunizieren kann (mit den Augen, den Fingern …).

Das jüngste Kind der Klasse wird gemeinsam ermittelt, alle anderen ordnen sich entsprechend ein. Hilfreich ist hierbei, wenn im Vorfeld im Sachunterricht der Kalender besprochen worden ist.

Natürlich können sich die Kinder auch nach anderen Kriterien wie Schuhgröße, Körpergröße, alphabetischer Reihenfolge der Vornamen, Anzahl der Buchstaben der Vornamen, Anzahl der Silben der Vornamen etc. sortieren. Hierbei können nebenbei Inhalte des Deutschunterrichts gefestigt werden.

Sobald die Schüler mit dem Einordnen fertig sind, wird kontrolliert: Steht wirklich jeder richtig?

Es kann eine Reflexionsphase angeschlossen werden: Was war schwer/leicht? Warum? Was war hilfreich? Welchen Trick hast du gefunden?

Zusatzinformationen:

Um das Spiel zu vereinfachen, kann die Klasse auch in Kleingruppen eingeteilt werden, innerhalb derer jeweils die Sortierung stattfindet.

Freundlicher Start in den Tag: Persönliche Begrüßung

Fach:	**Sachunterricht, Deutsch**
Zeit:	5 Minuten
Materialien:	keine
Vorbereitung:	Methode „Marktplatz“ einführen

Durchführung:

Die Schüler gehen auf den sogenannten Marktplatz: Sie laufen im Klassenzimmer umher und immer zwei Kinder finden sich selbstständig zusammen. Diese sollen sich begrüßen und einen kleinen Plausch halten. Mögliche Themen können hierbei sein: Wie war dein Nachmittag gestern?, Hast du gut geschlafen?, Was hast du gefrühstückt?, Worauf freust du dich heute?, Was wirst du nach der Schule tun? …

Haben die Partner ihre Unterhaltung beendet, suchen sie sich selbstständig einen anderen Klassenkameraden, mit welchem sie ebenfalls das Begrüßungsritual durchführen.

Wichtig ist, darauf hinzuweisen, dass im Flüsterton gesprochen wird, da sonst der Lärmpegel zu hoch wird.

Nach ca. fünf Minuten geben Sie ein akustisches Signal, worauf alle Kinder zu ihrem Platz gehen (unabhängig davon, wie viele Mitschüler sie begrüßt haben).

Zusatzinformationen:

Sinnvoll ist es, im Vorfeld zu besprechen, wie man sich begrüßen kann (Hand geben, abklatschen, Handgruß der Queen imitieren, Verbeugung wie bei den Japanern, Fuß an Fuß, Po an Po …).

Ein gutes Wort: Wir vertonen mit dem Aufnahmegerät

Fach:	**Deutsch, Sachunterricht, Englisch**
Zeit:	25 Minuten
Materialien:	Aufnahmegerät
Vorbereitung:	Bildung eines Stuhlkreises

Durchführung:

Die Klasse bildet einen Stuhlkreis, alle stehen vor ihrem Stuhl. Aufgabe ist, dass sich jedes Kind ein positives Wort überlegt, das zur Klasse passt (z. B. hilfsbereit, freundlich, fleißig, Schlaufüchse …). Denkbar ist, dass ebenfalls englische Wörter genannt werden dürfen. Natürlich sind auch Wiederholungen erlaubt.

Ein Schüler beginnt und sagt ein Wort, woraufhin er sich hinsetzen darf. Er blinzelt einem Klassenkameraden zu und signalisiert diesem so, dass er nun an der Reihe ist und so weiter.

Nach einem Durchgang sollten die Jungen und Mädchen genügend Wörter für die nächste Runde gesammelt haben. In dieser kommt nämlich das Aufnahmegerät zum Einsatz: Sie nehmen die Worte der Kinder auf, sodass am Ende alle positiven Begriffe festgehalten sind.

Sollte es zu schwierigen Situationen in der Klasse kommen, kann man die Aufnahme abgespielen und so daran erinnern, welche positiven Eigenschaften die Klasse auszeichnet.

Zusatzinformationen:

Thematisieren Sie, dass das gefundene Wort wahrscheinlich nie zu restlos allen Schülern der Klasse passt. Es sollte auf *die meisten* abgestimmt sein. Hierbei sind alle Wortarten erlaubt.

Gruppensofa

Fach:	**Sport**
Zeit:	5 Minuten
Materialien:	keine
Vorbereitung:	kurze Aufwärmphase

Durchführung:

Die Schüler bilden einen Kreis. Dann drehen sich alle so nach links zu ihrem Nachbarn, dass sie an dessen Schulter greifen können.

Auf ein Signal der Lehrkraft setzt sich jedes Kind langsam und behutsam auf den Schoß des Hintermannes. Dabei muss das Gleichgewicht gehalten werden, damit keiner aus dem Kreis fällt. Dies führt nämlich zu einer Kettenreaktion. Die Übung kann also nur erfolgreich bewältigt werden, wenn die ganze Klasse zusammenarbeitet und sich im wahrsten Sinne des Wortes stützt.

Einfacher ist es, wenn man das Spiel in Kleingruppen durchführt oder statt eines Kreises eine Reihe bilden lässt.

Der Schwierigkeitsgrad wird erhöht, wenn die Augen geschlossen sind.

Der Klassenrat

Fach:	**Sachunterricht**
Zeit:	45 Minuten wöchentlich
Materialien:	KV 6.5 (Seite 96), eine Schachtel o. Ä. als Briefkasten
Vorbereitung:	Bildung eines Sitzkreises

Durchführung:

Sinnvoll ist, den Klassenrat einmal wöchentlich tagen zu lassen. Zum Einstieg kann eine „Warme Dusche" (Seite 53, 69) erfolgen, bei welcher sich die Kinder gegenseitig Nettes sagen. Falls ein Schüler Kritik äußern möchte, kann dies im Anschluss erfolgen. In einem nächsten Schritt wird der „Briefkasten" geleert, in welchen die Jungen und Mädchen die Woche über Zettelchen mit Anliegen einwerfen konnten. Aus diesen Anliegen sollten Ziele/Beschlüsse formuliert werden, die in der nächsten Woche einer Überprüfung unterzogen werden. Die wichtigsten Aspekte der Klassenratssitzung sollten in einem einfachen Protokoll festgehalten werden.

Zusatzinformationen:

Im Laufe der Zeit sollte der Klassenrat selbstständig von den Schülern durchgeführt werden, allerdings ist hierbei die Altersstufe zu beachten (empfehlenswert ab dritter Klasse).

Bevor die „Post" des Briefkastens verlesen wird, sollte die Lehrkraft diese vorher gesichtet haben.

Es kann ein „Klassenratbuch" angelegt werden, in das jeweils das Protokoll geschrieben wird (ersetzt die Kopiervorlage).

Komplimentekärtchen verschenken

Fach:	**fächerübergreifend**
Zeit:	unterrichtsimmanent
Materialien:	KV 6.6 (Seite 97)
Vorbereitung:	Komplimentekärtchen evtl. laminieren

Durchführung:

Die Lehrkraft verschenkt Kompliment-Kärtchen an einzelne Schüler, wenn sie etwas gut gemacht haben. Die Kinder sammeln die kleinen Karten in ihrem Federmäppchen. Haben sie zehn Stück erhalten, können sie diese gegen ein kleines Geschenk aus der Schatzkiste eintauschen.

Vorteil der Kärtchen ist, dass der Unterrichtsfluss – anders als bei einem verbalen Lob – nicht unterbrochen wird. Die kleinen Karten werden einfach während des Unterrichts dem entsprechenden Kind gegeben.

Nebeneffekt ist, dass die Jungen und Mädchen Anregungen für ein differenziertes Lob erhalten.

Zusatzinformationen:

Man kann auch die Kinder untereinander Komplimentekärtchen verschenken oder erhaltene tauschen lassen.

Brief für dich

Fach:	**Deutsch**
Zeit:	25 Minuten
Materialien:	Papier DIN A4, evtl. Klassenliste mit Vornamen für jedes Kind
Vorbereitung:	Beispielsätze besprechen

Durchführung:

Jeder Schüler schreibt sämtliche Vornamen seiner Klassenkameraden auf, fertigt also selbst eine Art Klassenliste an. Zu jedem Mitschüler soll er nun einen netten Satz schreiben. Dieser kann sich auf Fähigkeiten und Fertigkeiten, aber auch auf Charakterzüge oder Äußerlichkeiten des anderen beziehen. Beispiele wären: „Du hast eine sehr schöne Schrift.“, „Ich finde deine Augen schön.“, „Du bist immer nett.“, „Du bist mein bester Freund.“, „Ich finde toll, dass du immer hilfst.“, „Du kannst Plusaufgaben ganz schnell ausrechnen.“ Diese Liste wird dann an die Lehrkraft übergeben.

Die Lehrkraft schreibt anschließend einige Komplimente für jedes Kind in einem Brief zusammen. Mehrfach Genanntes wird hierbei nur einmal aufgenommen. Falls zu einem Schüler nur wenig Schmeichelhaftes gefunden wurde, ergänzt die Lehrkraft selbst noch Komplimente.

Die Briefe werden entweder zum Geburtstag verschenkt oder nummeriert und als Adventskalender aufgehängt.

Zusatzinformationen:

Zur Vereinfachung kann die Klassenliste auch von der Lehrkraft kopiert und ausgeteilt werden.

Sollen die Briefe zum Geburtstag verschenkt werden, müssen sie am Schuljahresanfang erstellt werden.

Bombenentschärfung

Fach:	**Sport**
Zeit:	15 Minuten
Materialien:	ein Hütchen o. Ä.
Vorbereitung:	kurze Aufwärmphase

Durchführung:

Dieses Spiel sollte im Freien durchgeführt werden, da viel Platz benötigt wird.

Die Lehrkraft stellt ein Hütchen o. Ä. als „Bombe“ auf. In einiger Entfernung zur „Bombe“ wird ein Startpunkt festgelegt. Die Klasse hat nun die Aufgabe, die „Bombe“ zu entschärfen, indem sie diese zum Startpunkt bringt. Die besondere Schwierigkeit hierbei ist, dass ein permanenter Kontakt zum Startpunkt bestehen muss. Das bedeutet, die Schüler müssen eine Kette bilden, damit die Verbindung zum Start nie abreißt. Sinnvoll ist, das Hütchen so weit entfernt zu deponieren, dass die Klasse kreative Lösungen entwickeln muss (z. B. werden Schnürsenkel o. Ä. eingesetzt, um die Menschenkette zu verlängern und so an das Hütchen zu gelangen).

Zusatzinformationen:

Es sollte mit den Kindern unbedingt besprochen werden, dass es sich natürlich um keine echte Bombe handelt, sondern dieses Wort lediglich in dem Namen des Spiels vorkommt.

Klassensäulendiagramm

Fach:	**Mathe**
Zeit:	30 Minuten
Materialien:	KV 6.7 (1–4) (Seite 98–101)
Vorbereitung:	Säulendiagramm durchnehmen

Durchführung:

Ziel dieser Unterrichtseinheit ist, dass sich die Schüler noch besser kennenlernen und Gemeinsamkeiten entdecken. Dazu werden Säulendiagramme zu verschiedenen Themenbereichen erstellt. Die Vorlagen werden im Klassenraum verteilt. Jedes Kind trägt sich bei den einzelnen Diagrammen ein. Erklären Sie im Vorfeld, dass sich bei jeder Grafik nur einmal eingetragen werden darf. Zudem ist es hilfreich, wenn die Items kurz durchgesprochen werden. Am Ende können die Klassendaten abgelesen und ausgewertet werden.

Zusatzinformationen:

Um „Staus“ an den einzelnen Vorlagen zu vermeiden, ist es sinnvoll, dass sich erst die eine Hälfte der Klasse einträgt und dann die andere.

Wann Freunde wichtig sind

Freunde sind wichtig,
zum Sandburgenbauen,
Freunde sind wichtig,
wenn andre dich hauen,
Freunde sind wichtig
zum Schneckenhaussuchen,
Freunde sind wichtig
zum Essen von Kuchen.

Vormittags, abends,
im Freien, im Zimmer …
Wann Freunde wichtig sind?
Eigentlich immer?

Georg Bydlinski

Anleitung:

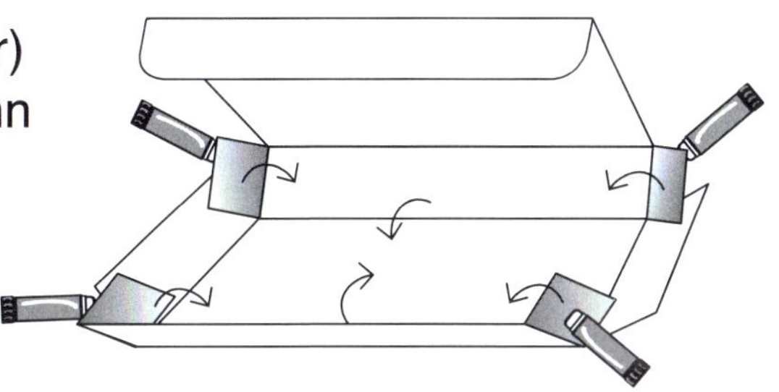

Klebe die Vorlage auf dünne Pappe (z. B. Tonpapier) und schneide an den gestrichelten Linien. Falte dann die Vorlage an den durchgezogenen Linien nach oben. Bestreiche die quadratischen Laschen mit Kleber und klebe den Quader anschließend an den Laschen zusammen. Zum Schluss kannst du deine Schachtel verzieren.

Das Geheimnis von GrüBiDa-Land

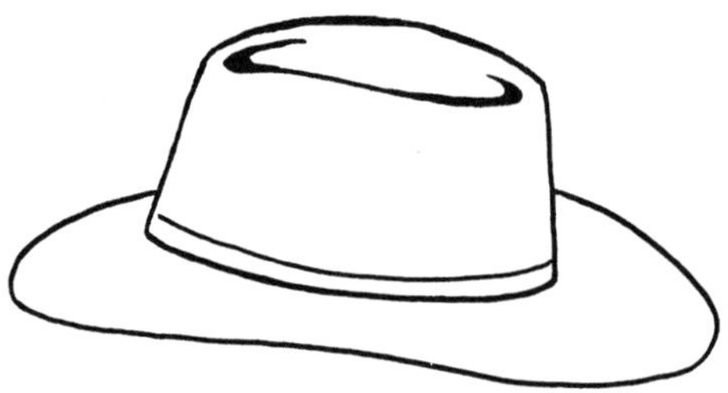

Herr Wiewald betritt im GrüBiDa-Land ein Geschäft, um sich einen Hut zu kaufen. „Kann man hier einen Hut kaufen?", fragt er eine Verkäuferin. Doch keiner spricht mit ihm ein Wort. Die Leute schauen durch ihn hindurch, als wäre er unsichtbar.

„Wir wünschen einen schönen guten Tag!", steht mit großen Buchstaben über der Kasse. Aus lauter Langeweile, weil ihn niemand bedient, liest Herr Wiewald laut vor sich hin: „... einen schönen guten Tag!"

„Einen schönen guten Tag wünschen wir Ihnen! Was darf es sein?", sagt plötzlich eine Verkäuferin und hat für Herrn Wiewald Zeit. „Ich will einen Hut!", sagt er ungeduldig.

Wie wenn er Luft wäre, schaut die Verkäuferin wieder durch Herrn Wiewald hindurch. Was soll er nun machen?

Neben ihm werden freundlich Kunden bedient. Er hört genau, wie der Kunde höflich sagt: „Können Sie mir bitte einen Gürtel zeigen?" Und schon bringt die Verkäuferin einen Gürtel. „Bitte sehr", schimpft Herr Wiewald laut und denkt leise: „Wenn ich hier nicht bedient werde, dann gehe ich eben woanders hin." Da ist wieder die Verkäuferin und sagt mit einem Lächeln: „Aber bitte sehr. Hier ist ein besonders schöner Hut. Wollen Sie ihn probieren?"

Die freundliche Beratung gefällt Herrn Wiewald. Er zahlt und nimmt seine Tüte. Er dreht sich um und will gehen. O Schreck!!! Gerade hatte Herr Wiewald die Tüte noch in der Hand – jetzt war sie verschwunden. Er versteht die Welt nicht mehr! Er zieht seine Einkaufsrechnung aus der Tasche und verlangt wütend sein Geld zurück. Da liest er auf der Rechnung ganz unten.

„Wir bedanken uns ganz herzlich für Ihren Einkauf. Auf Wiedersehen!" Nun wird Herrn Wiewald einiges klar! „Vielen Dank für Ihre freundliche Beratung!", sagt er zur Verkäuferin und er vergisst auch nicht „Auf Wiedersehen" zu sagen, da hält er die Tüte wieder in der Hand.

Manfred Hahn

Unsere Gute-Taten-Leine

Datum: ______________________

Protokoll Klassenrat

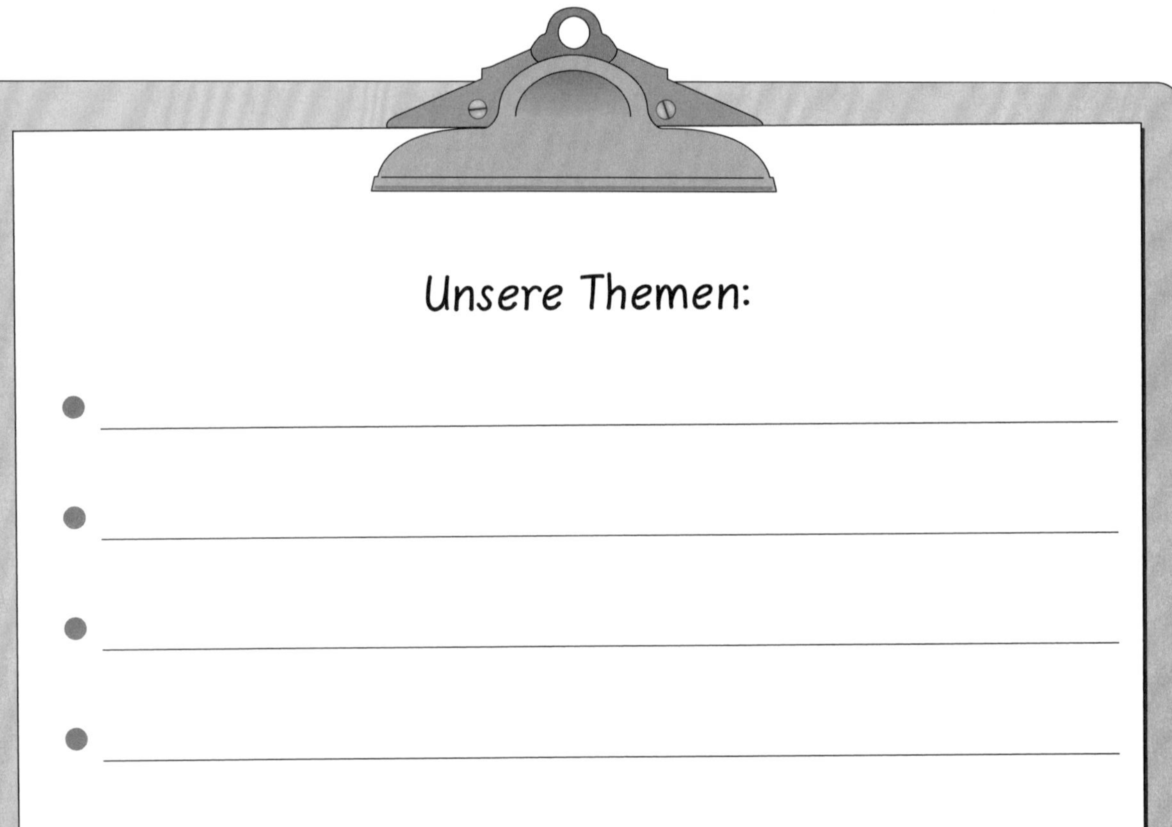

Unsere Ziele:

- ______________________
- ______________________
- ______________________

Du sprichst in Flüstersprache. Toll! 	Toll, dass du dich so oft meldest! 	Ich finde klasse, wie du mit den anderen Kindern zusammenarbeitest!
Ich finde toll, dass du einem Mitschüler geholfen hast! 	Dein Platz ist perfekt aufgeräumt. Darüber freue ich mich sehr! 	Du erledigst deinen Klassendienst zuverlässig. Spitze!
Du arbeitest fleißig an deinem Wochenplan. Super! 	Du hast dich leise in der Zweierreihe angestellt. Weiter so!	Du hast zügig aufgeräumt, als die Aufräummusik erklang. Super!
Du hast ein Lob verdient, weil du sehr ordentlich schreibst.	Du hast ganz viele Wörter richtig geschrieben. Prima!	Du hast an viele Rechtschreibregeln gedacht. Das finde ich toll! 
Ich finde toll, wie leise du arbeitest! 	Du hast viele Aufgaben richtig gelöst. Großes Lob!	Du hast fehlerfrei abgeschrieben. Wow! 
Du bist ein Rechenprofi! 	Du hast fleißig geübt. Weiter so! 	Ich finde schön, dass du so höflich bist!
Ich finde es toll, wie du dich verbessert hast! 	Dein Hefteintrag ist dir sehr gut gelungen! 	Du warst heute sehr mutig. Ich bin beeindruckt!
Du arbeitest ganz fleißig. Sei stolz auf dich!	Du liest wie ein Weltmeister! 	Ich finde toll, dass du eine Lösung für den Streit gefunden hast!

Unsere Geburtsmonate

Januar	Februar	März	April	Mai	Juni	Juli	August	September	Oktober	November	Dezember

Unsere Haustiere

Hund	Katze	Vogel	Fische	Hase	Hamster	Meer-schweinchen	keins	Andere

Unsere Lieblingsfarben

Rot	Gelb	Grün	Blau	Rosa	Orange	Schwarz	Lila	Andere

Unsere Lieblingsgetränke

Wasser	Apfelsaft	Orangensaft	Tee	Kakao	Milch	Limonade	Saftschorle	andere

Literaturhinweise

- Bruhns, Annette: *Wie Kinder stark werden Mia, du lächelst so schön*, Spiegel online, Artikel vom 21.03.2015.
- Dickhäuser, Oliver und Moschner, Barbara: *Selbstkonzept*, in Detlef H. Rost (Hrsg.), *Handwörterbuch Pädagogische Psychologie*, Beltz, 2006, S. 685–692.
- Dosch, Elke und Grabe, Astrid: *77 Ideen. Soziales Lernen in der Grundschule. Praxisratgeber mit Spielen und Materialien*, Verlag an der Ruhr, 2014.
- Eder, Ferdinand: *Schul- und Klassenklima*, in Detlef H. Rost (Hrsg.), *Handwörterbuch Pädagogische Psychologie*, Beltz, 2006, S. 622–631.
- Fleischmann, Simone und Rolletschek, Helga: *Was tue ich, wenn …? Schwierige Situationen im Grundschulalltag*, Oldenbourg Schulbuchverlag, 2013.
- Griesbeck, Josef: *Die 50 besten Kennenlernspiele*, Don Bosco Verlag, 2013.
- Helmke, Andreas und Schrader, Friedrich-Wilhelm: *Determinanten der Schulleistung*, in Detlef H. Rost (Hrsg.): *Handwörterbuch Pädagogische Psychologie*, Beltz, 2006, S. 83–94.
- Herbers, Jörn: *Sport im Anfangsunterricht. Anleitungen, Materialien und 40 Stundenbilder für die 1. Klasse*, Persen, 2013.
- Hoffmann, Kirsten und von Lilienfeld-Toal, Veronika und Metz, Kerstin und Kordelle-Elfner, Katja: *Stopp – Kinder gehen gewaltfrei mit Konflikten um – Praktische Bausteine zur Gewaltprävention*, Persen, 2017.
- https://www.zaubereinmaleins.de
- Karl, Sylvia: *Wir sind eine Gemeinschaft. Der Klassenrat*, in Praxis Grundschule *Ich-du-wir: zusammen. Vom Selbstkonzept zu sozialen Kompetenzen,* 2015/1, Westermann, 2015, S. 30–35.
- Karl, Sylvia: *Ich mache dir ein Kompliment. Andere und sich selbst wahrnehmen und wertschätzen*, in Praxis Grundschule *Ich-du-wir: zusammen. Vom Selbstkonzept zu sozialen Kompetenzen 2015/1*, Westermann, 2015, S. 24–29.
- Kurt, Aline: *Resilienz entwickeln und stärken in der Grundschule. Praktische Materialien, die Kinder widerstandsfähiger machen*, Verlag an der Ruhr, 2017.
- Maak, Angela und Wemhöhner, Katrin: *Mathe mit dem ganzen Körper. 50 Bewegungsspiele zum Üben und Festigen*, Verlag an der Ruhr, 2007.
- Mosley, Jenny und Sonnet, Helen: *101 Spiele für ein positives Lernklima. Ein Praxisbuch für die Grundschule*, Persen, 2012.
- TraumaHilfeZentrum Nürnberg e. V. (Hrsg.): *Sonne für die Seele. Ein Selbsthilfebuch für traumatisierte Flüchtlinge. Informationen und Übungen, die helfen können, traumatische Erfahrungen zu bewältige*, Nürnberg, 2017.
- Weber, Nicole: *Lernstationen inklusiv, Gedichte – Differenzierte Materialien für den inklusiven Deutschunterricht*, Persen, 2016.

Quellenverzeichnis

- *Wann Freunde wichtig sind*: Bydlinski, Georg
- *Das Geheimnis von GrüBiDa-Land*: Hahn, Manfred
- *Was ich mag / Was ich nicht mag*: Högler, Peter
- *Die Geschichte vom grünen Fahrrad*: Wölfel, Ursula, aus: *Achtundzwanzig Lachgeschichten* © 1969, 2010 Thienemann Verlag in der Thienemann-Esslinger Verlag GmbH, Stuttgart
- *Ich schaff' das schon (Meikes Lied)*: Zuckowski, Rolf, © Mit freundlicher Genehmigung MUSIK FÜR DICH Rolf Zuckowski OGH, Hamburg
- *Die Geschichte von dem Elefanten Elo, der sich nicht mehr rot ärgern wollte*: Kirsten Hoffmann, Veronika von Lilienfeld-Toal, Kerstin Metz, Katja Kordelle-Elfner, aus: *Stopp – Kinder gehen gewaltfrei mit Konflikten um – Praktische Bausteine zur Gewaltprävention*, Persen Verlag, Hamburg, AAP Lehrerfachverlage GmbH, 2017
- *Was mir gefällt*: Bollinger, Max, © Max Bolliger, Nachlassverwaltung Robert Fuchs und Anke Hees, Zürich

Sollte es in einem Einzelfall nicht gelungen sein, den korrekten Rechteinhaber ausfindig zu machen, so werden berechtigte Ansprüche selbstverständlich im Rahmen der üblichen Regelung abgegolten.

Fotos

- Seite 74: Mutter flüstert Tochter ins Ohr von detailblick-foto – stock.adobe.com
- Seite 74: Kleiner Hund neben Wecker von Eva – stock.adobe.com
- Seite 75: Schaf an Straße von MNStudio – stock.adobe.com
- Seite 75: Kinder mit Pokal von Robert Kneschke – stock.adobe.com
- Seite 76: Kinder schauen Film von JackF – stock.adobe.com
- Seite 76: Teddy vor Fenster von Inga – stock.adobe.com
- Seite 77: Waschbär von FotoCorn – stock.adobe.com
- Seite 77: Sparschwein im Sand von kartoxjm – stock.adobe.com